中国首部企业转型升级必备工具

贝思德国际管理企业转型升级战略系列丛书

新产品开发管理体系

DOE工具应用指南

NEW PRODUCT
DEVELOPMENT SYSTEM
FOR DOE TOOL S

文放怀 编著

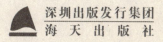

深圳出版发行集团

海天出版社

图书在版编目（CIP）数据

新产品开发管理体系DOE工具应用指南 / 文放怀编著.
—深圳 : 海天出版社, 2011.6
（贝思德国际管理企业转型升级战略系列丛书）
ISBN 978-7-5507-0019-2

Ⅰ.①新… Ⅱ.①文… Ⅲ.①产品—技术开发—企业
管理—指南 Ⅳ.①F273.2-62

中国版本图书馆CIP数据核字（2010）第218331号

新产品开发管理体系DOE工具应用指南
XINCHANPIN KAIFA GUANLI TIXI DOE GONGJU YINGYONG ZHINAN

出 品 人	尹昌龙
出版策划	毛世屏
责任编辑	王筱鲁　廖 译
责任技编	梁立新
装帧设计	斯迈德设计 0755-83144228

出版发行　海天出版社
地　　址　深圳市彩田南路海天大厦（518033）
网　　址　www.htph.com.cn
订购电话　0755-83460917（批发）0755-83460397（邮购）
印　　刷　深圳市希望印务有限公司
开　　本　787mm×1092mm　1/16
印　　张　8.75
字　　数　120千
版　　次　2011年6月第1版
印　　次　2011年6月第1次
印　　数　5000册
定　　价　35.00元

前言

QIANYAN

　　实验设计（DOE）是新产品开发管理体系的核心工具之一，它是利用科学的方法找出影响过程的关键变量，从而对过程进行优化的方法。

　　在进行试验设计时，首先要做好试验策划。要进行什么试验，要达到什么目的，要进行多少次试验，要收集多少样本，需要多少资源（人力、财力、物力）。要做好协调工作，需要哪些部门人员的配合和支持，如何进行试验，由谁测量和记录数据，都要心中有数，统筹规划好。其次要做好试验设计方案，要确定好因子数和水平数，选择好哪一种试验设计方案：是全因子试验还是筛选试验；是分部试验还是响应曲面试验；是田口试验还是均匀设计试验；是调优试验还是谢宁试验。这些都要正确分析，合理选择。确定最佳的试验设计方案，制定试验设计方法和试验步骤，科学进行试验，以使试验误差最少，使试验结果最真实。

　　在进行试验时，要严格按照试验计划和试验方案进行。要做好数据的记录工作，既要在测量仪器合格的情况下进行数据测量，又要记录好试验条件（环境温度、湿度和其他影响因素）和试验结果。严格按照试验方案进行试验，不要随意地调动试验参数、试验次序和试验时间，以确保试验的顺利进行。

在试验方案完成后，要对试验结果进行分析，再确定是否要进行下一步试验，如重复试验和验证试验，最后得出科学试验结论。在进行试验分析时，应注意对数据的分析方法要与相对应设计方案相适应。分析中应包括选定的模型、残差诊断、评估模型的适应性。要作出预测值的合理推断，从而确定重要因子的最佳设置水平和响应变量的最优结果，必要时加以验证，根据试验分析结果，提交试验报告。

本书DOE案例在网上资源www.6sigmambb.com.cn上，也可以访问DOE2046@sina.com，密码是shane123，下载网上资源进行分析研究。本书在编写过程中参考了试验设计的一些最新成果。在此特向付出辛勤劳动的科学工作者致以崇高的敬意。由于时间仓促，书中不足的地方，敬请读者批评指正。

文放怀

fhwen9888@163.com

http://www.6sigmambb.com.cn

2010年8月26日于深圳

目录
MU LU

第一章

试验设计基础

本章将介绍以下内容

- 试验设计基本术语

- 策划和安排试验

- 设计原则

- 常见试验设计的类型

- 试验结果分析

1.1 试验设计基本术语

1.1.1 独立和非独立变量

独立变量又叫自变量（X'S），也叫试验变量。如果A、B、C三个变量是影响某化学反应成功率的主要变量，那么A、B、C可称为三个独立变量。

非独立变量又叫因变量（y），也叫响应变量。如果某化学反应成功率y（试验指标）是与A、B、C三个变量有关的，那么y可称为非独立变量。非独立变量也可理解为试验指标或试验结果。

1.1.2 因子和水平

影响试验结果的因子和水平可能是多方面的或多水平的。试验因子（或因子）是影响试验结果的量，一般记为A、B、C等，也可用x_1、x_2、x_3等自变量进行标记。

试验因子可分为定量和定性因子。例如：温度、压力等可称为定量因子；批号、班次、流程等可称为定性因子。

试验因子又可分为可控和不可控两类。有的试验因子是可以控制或调节的，如温度、压力、速度等，而有一些因子是不可控制的，如环境因子、温度和湿度等，则称为不可控因子或干扰因子。在试验设计中，如无特别规定，因子一般指可控因子。

影响试验结果的因子多少，决定试验设计和复杂程度。只有一个因子的试验，称为单因素试验。具有两个以上因子的试验，称为多因子试验。同时具有多因子和多水平的试验又叫多因子多水平试验。

因子的水平是试验因子所处的状态，即试验因子的变化范围。通过试验因子变化范围的A_3、B_1、B_2、B_3、C_1、C_2、C_3进行不同的试验组合，可获得较佳的组合试验结果。

1.1.3 响应和处置

试验响应就是试验输出 η ，ε 为试验误差，如下图1-1所示：

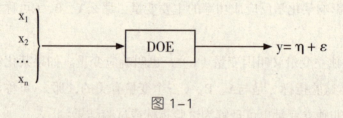

图1-1

试验处置是试验输出的处理或采取的改善行动，其基本模型如图1-2所示：

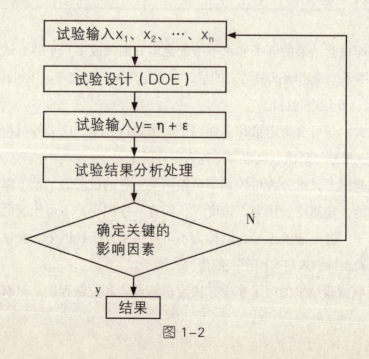

图1-2

1.1.4　误差和重复

试验误差是试验结果的观察值与真值的差值，常用 ε 表示。

$$\varepsilon = y - \eta$$

影响试验误差是多方面的，如图1-3所示：

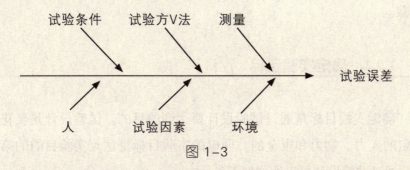

图 1-3

在给定的试验条件下，尽可能避免对试验结果影响的变异来源，即噪声因子。将试验误差降到最低限度。为避免噪声因子的影响，可进行重复试验。

重复试验是在同样的试验条件下进行试验，收集试验结果，以判断试验误差的大小。重复试验可减少不可控因子对试验结果的影响。

1.1.5　交互作用（interaction）

交互作用指这样的情况：一种因子的影响依赖于另一种因子的水平。交互作用如下图所示：存在交互作用和不存在交互作用。如图1-4所示：

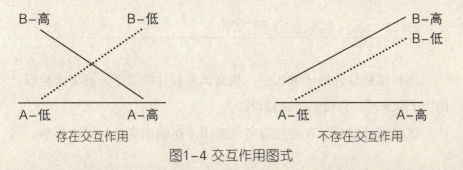

图1-4 交互作用图式

1.2 策划和安排试验

策划和安排试验是试验计划的过程，是试验能否成功的关键步骤。

1.2.1 确定实验目标

确定实验目标是通过试验设计要达到的目的。试验设计是要花费一定的人力、物力和资金的。明确的实验目标是达到实验目的的第一步。通过试验设计可以达到如下目标：

1. 确定、验证和优化制造过程的主要影响变量及影响程度。
2. 创造对物料和部品变化不敏感的制造过程。
3. 设计对使用环境不敏感（即受环境的影响小）的产品。
4. 降低总的设计周期。
5. 减少ECN（设计变更通知书）数量。
6. 改进与CTQ'S有关的产品品质、成本和性能指标。
7. 提高新设计产品的工艺性。
8. 为制造过程列出问题及解决方案。
9. 减少对产品的检查和测试。

1.2.2 选择实验因子和水平

选择试验设计因子和水平。根据试验设计的需要，确定试验设计的因子和水平，以便进行试验设计。

试验设计的目的在于捕捉各试验因子对输出变量的最大影响，因此在选择试验因子的水平时，水平范围要足够宽，否则就可能缩小甚至抵消变量影响，还可能造成看不出因子间交互作用对输出的影响。当然因子水平设置也不可过宽，否则同样可能缩小此因子的影响，或将其他因子的影响掩盖掉。过宽还可能超出允许操作范围，造成意外损失。

图1-5显示了因子水平选择不当的两种情形。

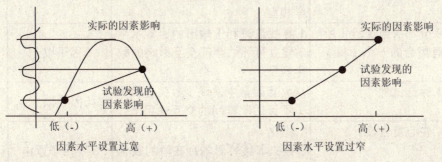

图1-5 因子水平设置

1.2.3　响应和测量方法

响应即试验的输出。对试验结果的评估有定量和定性两种方法，如表1-1所示：

响应定量评估	响应定性评估
①测量系统、测量方法	②定性指标定量化 ③公平评分法

表 1-1

定量评估需确定特定的测量系统和测量方法，首先要求测量系统是合格的并减少变差。定性指标定量化是指对定性指标进行量化，以便进行试验结果分析。公平评分法是指根据试验性质，以一定的标准公式进行评估的方法。

1.2.4 选择合适的试验设计方案

根据不同的目标和因子水平，选择试验设计方案，如表1-2所示。

试验方案	目的	典型可控因子数
1.全析因试验（所有因素和水平的组合）	1.寻找最有利于输出的因素水平 2.建立可评估所有交互影响的数学模型	3-5因子以内
2.分部析因试验（所有组合的一个子集）	1.寻找最有利于输出的因素水平 2.建立可评估分部交互影响的数学模型	5因子以上
3.筛选试验	从大量因素中发现少数关键因素（不评估因素间的交互作用）	5因子以上
4.中心复合设计	1.优化 2.建立非线性影响存在时的数学模型	3-5因子以内
5.Box-behnken设计	1.优化 2.在存在噪声因素变化的场合发现输出最小变异时对应的因素水平	3-5因子以内
6.田口设计	1.稳健性设计 2.优化产品或制造过程的函数 3.使输出对噪声因素敏感性最小，对输入因素敏感性最大	3-5因子以内

表 1-2

试验方案的选择流程如图1-6所示：

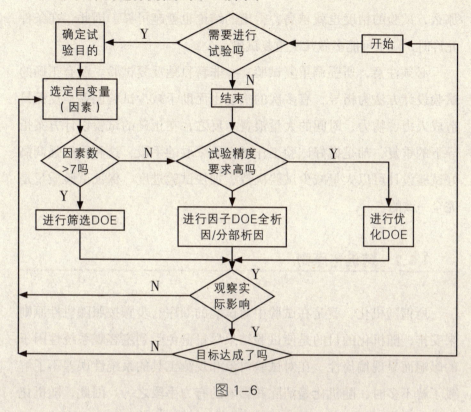

图 1-6

1.3 设计原则

在试验设计中应遵循三个基本原则：重复性原则、随机化原则和局部控制原则。

1.3.1 重复性原则

我们把每个试验条件只做1次试验，称为不重复试验；把每个试验条件进行1次以上的试验称为重复试验。重复试验的目的是为了降低随机误差的影响，避免可控的系统性因子影响。在试验设计中，试验误差是客观存在和不可避免的。若每个试验条件下取得1次试验，就很难估计出试验误差，只有设置几次重复，才能利用同样试验条件下取得多个数据的差异把误差估计出来。同一条件下的试验重复次数越多，那么，试验的精度也就越高，得出的结论也就越可靠。因此，在条件允许时，应尽可能多做几次重复试验。

必须注意，所强调重复试验，并非盲目地反复试验。没有正确的试验设计方法为指导，有多次的重复也无助于减少试验误差，反而易造成人力、物力、时间的大量浪费。反之，在正确的试验设计方案指导下的重复，却是做好试验工作所必须采取的手段，这和我们强调搞好试验设计可以大量减少试验次数、加快试验进度、保证试验质量是完全一致的。

1.3.2　随机化原则

所谓随机化，就是在试验中对试验的顺序、步骤按照随机性原则来安排，随机化的目的是使试验结果尽量避免受到主客观系统性因子的影响而呈现偏倚性。在对试验对象和观测工具的系统性误差不了解或了解不多时，随机化是消除其影响的有力手段之一。因此，随机化这一原则始终可以作为正确估计试验误差的前提，但它必须在设置适当次数重复的基础上才能发挥作用。

1.3.3　局部控制原则

局部控制原则又称为分层原则，它是将试验对象按照某种分类标准或某种水平加以分组，使组内部尽可能条件一致，并使组与组之间的差异大些。在试验设计中，这种组称为区组（层）。由于区组内条件基本一致，抽样的样本数较少，而试验精度都较高，误差必然较小。这种把比较的水平设置在差异较小的区组内，以便减少试验误差的原则，称为局部控制原则。

1.3.4　平衡设计和非平衡设计

平衡设计是指各因子水平组合在试验中出现的次数相等的设计。非平衡设计是指各因子和水平组合在试验中出现的次数不相等的设计。说明如表1-3所示：

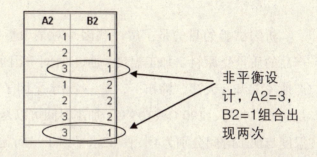

A1	B1
1	1
2	1
3	1
1	2
2	2
3	2

平衡设计，各因素水平组合各出现1次

A2	B2
1	1
2	1
3	1
1	2
2	2
3	2
3	1

非平衡设计，A2=3，B2=1组合出现两次

表 1-3

1.3.5　检出力和样本容量

检出力又称检验强度，是指当试验结果实际存在差异时，通过试验分析能够检验出这种差异的概率，即$1-\beta$。

样本容量是为达到特定的检出力而对每个试验组合重复试验的次数。

在试验设计中，试验重复次数（每个试验组合的样本容量）受检出力（β风险）、α风险、试验组合数、要求检出的差异及试验因子数影响。

一般而言，检出力要求越高，样本容量越大；α风险越低，样本容量越大；要求检出的差异越小，样本容量越大。

1.4 常见试验设计的类型

1.4.1 析因设计（Factorial Design）

析因试验的目的是了解一些因子对某项指标的影响。例如某项产品的质量受原料、加工温度、加工时间等因子的影响，原料有3个产地（上海、天津、锦州），是一个3水平因子，可选择的加工温度是80℃、90℃、100℃或105℃，加工时间可以是5min或7min，即加工温度与加工时间分别为4水平和2水平因子。问题是要了解这些因子的不同的水平对质量是否有显著的影响应当如何选择？析因试验就是选出一些水平组合进行试验，要使试验结果既能估计出各因子水平单独的效应——主效应，又能估计出因子水平之间的交互作用效应，然而这些效应之间是有关联的，并不需要全部求出来。随着因子个数和水平的增多，水平组合的数目急剧增长，因此要进行全面试验是不可能的。1946年，D.J.fianey提出了分部实施法，即只能挑选一部分水平组合进行试验，忽略一些高阶的交互作用效应。正交表是进行分部实施法最方便的一种工具。

1.4.2 区组设计（Block Design）

区组设计是指将 v 个处理安排到b个区组内试验的一种安排计划。所谓处理，是指诸如品种、工艺条件、种值方法等因子或措施。每个区组能容纳的处理个数称为这个区组的大小，通常用k表示，$k_1, k_2, \cdots,$ k_j 分别表示b个区组的大小。当 $k_i(i=1, 2, \cdots, b)$ 均小于 v 时，区组可以容纳全部处理，就称为完全区组设计。区组设计的狭义理解大都指不完全区组设计。

　　不完全区组设计主要有2类：一类是平衡不完全区组设计（Balanced Incomplete Block Design,BIBD）；另一类是分部平衡不完全区组设计（Partial Balanced Incomplete Block Design, PBIBD）。若b个区组大小相等，都是k，k<ν。若能将ν个处理安排在b个区组内，使每个处理出现的次数r（称为重复数）都一样，且每2个不同的处理恰在λ个区组内相遇（λ称为相遇数），则这种安排称为平衡不完全区组设计。若相遇数λ并不全一样，而是随着处理的不同而分成若干类，这就成为分部平衡不完全区组设计。

1.4.3　回归设计（Degression Experimental Design）

　　回归设计的思想是G.E.P.BOX在1951年提出的。目的是在回归自变量的试验点可以在一定的范围内自由选择的情况下，适当地选择这些试验点，以使所配出的回归方程具有较优的性能。具体解释依赖于所提要求的确切性质以及优良性的含义。除了线性回归这个简单情况外，在二次（三次）多项式回归方面具有较具体的结果，其中值得一提的是旋转设计和混料设计。

　　旋转设计着眼于回归预测值Y(x)的方差。设α为自变量容许变化范围内的中心点，若在自变量空间中与α等距离的点处，Y的方差也相同，则该设计称为旋转设计。在二次多项式回归的情况下，找到了具有这种旋转性的设计方案。

　　在混料设计中，每个自变量x_i (i=1,2,$\cdots$,m) 表示1种原料在整个配方中所占的比例，因此$0<x_i<1$，且$\sum_{i=1}^{m} x_i=1$。试验的目的是寻找最佳配方，目前已提出了若干类型的混料试验设计并在应用上取得了一些成功。

美国统计学家J.杰法（J.Kiefer）在50年代末期提出了一种回归设计最优准则——D最优准测。大体上说，这种准则进行了一些基本研究，并在一些情况下（例如当自变量变化范围为球或立方体的情况）求得了具有D最优性的回归设计。

1.4.4 完全随机化设计（Completely Randomized Design）

实验计划中，实验执行的顺序完全是随机的，例如表1-4：

水平	测试顺序编号
A	7, 1, 5
B	2, 3, 6
C	8, 4

表 1-4

1.4.5 随机化设计（Randomized-Block Design)

这种实验设计是根据某些标准把实验观测数据分成不同的块。这些块是完全有序的，但是块内部（的观测数据）是完全随机的。例如，用不同的原料进行油漆实验，分别为原料A和B。每种原料各有4片可供实验。理想情况是所有片都同时进行清洁，以保证清洁工序对实验结果没有影响。但是如果实验要求使用一次清洁两片的清洁缸，怎么办？于是，缸容量就成了一个"块因子（blocking factor）"。这里有4个块，如表1-5所示：

水平	缸容量	测试片编号
A	1	7
B		1
B	2	5
A		2
B	3	3
A		6
B	4	4
A		8

表 1-5

既然每种原料在每次清洁缸的负载中只出现一次，所以设计是均衡量。原料的总数或平均数可以直接进行比较。读者应该意识到：还存在统计设计以处理更复杂的"非均衡设计"。

1.4.6 拉丁方设计（Latin–Square Design）

拉丁方设计是指每种处理在每行和每列中出现一次且只出现一次的设计。在必需或者需要允许两种特定的异质来源对实验结果产生影响的情况下，这种拉丁方计划是非常有效的。这种设计最初应用在农业实验中。两种异质来源是指土地的两个趋势。"square"本意是一块四方形的土地，它的应用逐渐扩展到其他领域。机器、位置、操作员、运行次数、天数等也存在着可能影响实验结果的两种异质来源。拉丁方方法的使用受到两个条件的限制：

◎行数、列数和处理的次数都必须相同；

◎行因子和列因子之间不存在交互作用。

1.5 试验结果分析

试验结果是试验设计的输出。常用的试验结果分析方法有极差分析、方差分析、回归分析。

1.5.1 试验结果的极差分析

极差分析法是分析DOE试验结果的一种简单有效的方法，可直接手工计算获得，相对于方差分析法而言，极差分析法简便、高效，更适合对生产现场进行改善。

1.5.2 试验结果的方差分析

方差分析法是广为使用的分析变量间相互关系及影响的方法，是六西格玛突破模式中分析阶段和改善阶段的最重要工具之一，也是六西格玛方法的基础之一。与极差分析法相比，方差分析法较为复杂，但也更精确。方差分析法可定量地分析出各因子对指标的影响并确定试验误差，还可从统计上确定哪个因子是真正的重要因子，哪个因子不是。现在许多统计分析软件可直接进行方差分析，无须手工计算，如Minitab等，后续将会介绍。

1. 单因子方差分析

在一项试验中，如果让1个因子的水平变化，其他因子的水平保持不变，这样的试验叫单因子试验。处理单因子试验的统计推断问题称为单因子方差分析。

（1）数学模型

设一个因子A有r个不同水平A_1, A_2, …, A_r，在水平A_i下生产的全部产品的某一指标构成一个总体，用随机变量Y_i(i=1,2,…,r)表示。设Y_i服从正态分布$N(\mu_i, \sigma^2)$，且Y_1, Y_2, …, Y_r相互独立，在第i个总体中抽取n_i个样品进行观测，观测值记为Y_{i1}, Y_{i2}, …, Y_{in}(i=1,2,…,r)，得到的全部数据列成表1-6。

水平	样本					
1	Y_{11}	Y_{11}		Y_{1j}		Y_{1n_1}
2	Y_{21}	Y_{22}	…	Y_{2j}	…	Y_{2n_2}
…	…	…	…		…	…
r	Y_{r1}	Y_{r2}		Y_{rj}	…	Y_{rn_r}

表 1-6

Y_{i1}, Y_{i2}, …, Y_{in}可以看做来自Y_i的样本，因此，Y_{ij}--$N(\mu_i, \sigma^2)$，且Y_{ij}与μ_i的差可以看成一个随机误差ε_{ij}，ε_{ij}服从正态分布$N(0, \sigma^2)$（i=1,2,…,r；j=1,2,…,n_i），于是，单因子差分析的数学模型可以表示为：

$$\begin{cases} Y_{ij}=\mu_i+\varepsilon_{ij} \\ \varepsilon_{ij}\sim N(0, \sigma_2) \end{cases} (i=1,2,\cdots, r;\ j=1,2,\cdots, ni)$$

单因子方差分析研究试验数据之间的差异到底是由于因子水平变化所引起的呢，还是由于随机误差的干扰所引起的。数学模型建立后，问题就转化为研究上述同方差的r个正态总体的均值是否相等的问题，即检验假设$H_0: \mu_1=\mu_2=\cdots=\mu_r$是否成立。

$\mu=\frac{1}{n_i}\sum_{i=1}^{r}n_i\mu_i$ (n=$\sum_{i=1}^{r}n_i$)，$\alpha_i=\mu_i-\mu$ 表示因子A第i水平的效应，则试验数据的数学模型可写为：

$$Y_{ij}=\mu+\alpha_i+\varepsilon_{ij} (i=1,2,\cdots, r;\ j=1,2,\cdots, n_i)$$

单因子方差分析问题为检验假设$H_0: \alpha_1=\alpha_2=\cdots=\alpha_r=0$是否成立问题。

（2）波动平方和分解与显著性检验

用 $\bar{Y}_i = \frac{1}{n_i}$, $\bar{Y} = \frac{1}{n_i} \sum\limits_{i=1}^{r} \sum\limits_{j=1}^{n_i} Y_{ij}$ $n = \sum\limits_{i=1}^{r} n_i$

分别表示第i个总体的样本均值、总均值和总样本容量。总波动平方

和为

$$S_T = \sum_{i=1}^{r} \sum_{j=1}^{n_i} (Y_{ij} - \bar{Y})^2$$

$$= \sum_{i=1}^{r} \sum_{j=1}^{n_i} (Y_{ij} - \bar{Y}_i + \bar{Y}_i - \bar{Y})^2$$

$$= \sum_{i=1}^{r} \sum_{j=1}^{n_i} (Y_{ij} - \bar{Y}_i)^2 + \sum_{i=1}^{r} n_i (\bar{Y}_i - \bar{Y})^2 + 2\sum_{i=1}^{r} \sum_{j=1}^{n_i} (Y_{ij} - \bar{Y}_i)(\bar{Y}_i - \bar{Y})^2$$

$$= \sum_{i=1}^{r} \sum_{j=1}^{n_i} (Y_{ij} - \bar{Y}_i)^2 + \sum_{i=1}^{r} n_i (\bar{Y}_i - \bar{Y})^2 = S_e + S_A$$

上式称为波动平方和分解公式。其中：$S_A = \sum\limits_{i=1}^{r} (\bar{Y}_i - Y)^2$ 是总体的样本均值与总样本均值的波动平方和，反映了各总体样本均值对总体样本均值的偏离程度，因为各水平下试验的重复次数互不相等，系数n_i表示$(\bar{Y}_i - Y)^2$在S_A中所占的比重。S_A称为因子平方和或组间平方和，其自由度$f_A = r - 1$。

S_e的每个加项为各组数据的波动平方和，它们反映的是随机误差的大小，S_e称为误差平方和或组内平方和，其自由度为

$$f_e = \sum_{i=1}^{r} (n_i - 1) = n - r$$

当H_0不成立时，S_A有较大的倾向。换个角度讲，Y_i是μ_i的一个理想的估计，因而$Y_i = 1$的分散程度反映了H_0是否成立。如果S_A相对于S_e来说比较大，就说明了Y_i间差异显著地大于误差造成的差异，因而H_0不真。

究竟S_A / A_e大到什么程度才算是"显著"呢？由W.G.柯赫伦（W.G.Cochran）因子分解定理得知，当H_0成立时：

$$F_A = \frac{S_A / f_A}{S_e / f_e} \sim F(r-1, n-r)$$

因此，对给定的显著水平 α，由附表2查得 $F_\alpha(r-1, n-r)$：当 $F_A \geqslant F_\alpha(r-1, n-r)$ 时，拒绝假设 H_0，即因子A影响显著；若 $F_A < F_\alpha(r-1, n-r)$，则接受假设 H_0，即因子A影响不显著。当 $\alpha = 0.01$ 时，若结论是A影响显著，记以"**"。最后，把上面几项主要结果列成一个方差分析表，如表1-7所示。

方差来源	波动平方和	自由度	方差	F值	显著性
因子	S_A	$r-1$	$V_A = S_A/(r-1)$		
误差	S_e	$n-r$	$V_e = S_e/(n-r)$	$F_A = \dfrac{V_A}{V_e}$	
总和	S_T	$n-1$			

表1-7 方差分析表

为了便于在表上计算，我们将 S_A、S_e 的表达式作如下改写，即：

$$S_A = \sum_{i=1}^{r} n_i (\bar{Y}_i - \bar{Y})^2 = \sum_{i=1}^{r} \frac{1}{n_i} \left(\sum_{j=1}^{n_i} Y_{ij} \right)^2 - \frac{1}{n} \left(\sum_{i=1}^{r} \sum_{j=1}^{n_i} Y_{ij} \right)^2$$

$$S_e = \sum_{i=1}^{r} \sum_{j=1}^{n_i} (Y_{ij} - \bar{Y}_i)^2 = \sum_{i=1}^{r} \sum_{j=1}^{n_i} Y_{ij}^2 - \sum_{i=1}^{r} \frac{1}{n_i} \left(\sum_{j=1}^{n_i} Y_{ij} \right)^2$$

$$T = \sum_{i=1}^{r} \sum_{j=1}^{n_i} Y_{ij}, \quad CT = \frac{T^2}{n}, \quad W = \sum_{i=1}^{r} \sum_{j=1}^{n_i} Y_{ij}^2$$

$$T_i = \sum_{j=1}^{n_i} Y_{ij}, \quad R = \sum_{i=1}^{r} \frac{1}{n_i} T_i^2$$

则

$$S_A = R - CT, \quad S_e = W - R, \quad S_T = W - CT$$

这里值得指出的是，若各 n_i 不全相等，我们称之为单因子不等重复试验的方差分析；当 $n_1 = n_2 \cdots n_r = m$ 时，我们称其为单因子等重复试验的方差分析，这时相应的公式为：

$$\overline{Y}_i = \frac{1}{m} \sum_{i=1}^{m} Y_{ij}$$

$$\overline{Y}_i = \frac{1}{r} \sum_{i=1}^{r} \sum_{j=1}^{m} Y_{ij}$$

$$S_T = \sum_{i=1}^{r} \sum_{j=1}^{m} (Y_{ij} - \overline{Y})^2 = \sum_{i=1}^{r} \sum_{j=1}^{m} Y_{ij}^2 - \frac{1}{rm} \left(\sum_{i=1}^{r} \sum_{j=1}^{m} Y_{ij} \right)^2$$

$$S_A = \sum_{i=1}^{r} (Y_i - \overline{Y})^2 = \frac{1}{m} \sum_{i=1}^{r} \left(\sum_{j=1}^{m} Y_{ij} \right)^2 - \frac{1}{rm} \left(\sum_{i=1}^{r} \sum_{j=1}^{m} Y_{ij} \right)^2$$

$$S_e = \sum_{i=1}^{r} \sum_{j=1}^{m} (Y_{ij} - \overline{Y}_i)^2 = \sum_{i=1}^{r} \sum_{j=1}^{m} Y_{ij}^2 - \frac{1}{rm} \sum_{i=1}^{r} \left(\sum_{j=1}^{m} Y_{ij} \right)^2$$

$$f_T = rm - 1$$

$$f_A = r - 1$$

$$f_e = r(m-1)$$

（3）参数的估计

若用 α_i、μ、μ_i、σ^2 分别表示 α、μ、μ_i、σ^2 的估计，则有

$$\hat{\alpha}_i = \overline{Y}_i - \overline{Y} \qquad (i=1,2\ldots,r)$$

$$\hat{\mu}_i = \overline{Y}_i \qquad (i=1,2\ldots,r)$$

$$\hat{\mu}_i = \overline{Y}$$

$$\hat{\sigma}^2 = \frac{S_e}{n-r}$$

上述估计还是无偏估计。

在单因子方差分析中，如果检验结果为 H_0 不成立，有时还需对 $\mu_i - \mu_j (i \neq j)$ 作区间估计。对给定的置信度 $1-\alpha$，$\mu_i - \mu_j$ 的置信区间为：

$$\left(\overline{Y}_i - \overline{Y}_j - t_{\frac{\alpha}{2}}(n-r) \sqrt{\frac{S_e}{n-r} \left[\frac{1}{n_i} + \frac{1}{n_j} \right]}, \ \overline{Y}_i - \overline{Y}_j + t_{\frac{\alpha}{2}}(n-r) \sqrt{\frac{S_e}{n-r} \left[\frac{1}{n_i} + \frac{1}{n_j} \right]} \right)$$

$i \neq j$；$i,j=1,2,\cdots,r$，其中 $t_{\frac{\alpha}{2}}(n-r)$ 表示 t 分布的 $\frac{\alpha}{2}$ 上侧分位数，由附表7查出。

（4）多重比较

当因子的影响显著时，有时还需进一步知道哪些水平之间的差异是显著的，哪些是不显著的，这种要比较多个水平之间差异是否显著的问题，在数理统计上称为"多重比较"问题。多重比较对确定较好生产工艺条件很有帮助。在一项试验中，如果指标值要求越大越好，人们通常选取平均指标值高所对应的水平作为较优生产工艺条件。指标值要求越小越好的情况与此相类似。当水平之间的差异显著时，这样做会取得良好的效果；但当诸水平之间的差异不显著时，从中选取容易操作的水平作为较优生产条件，会经济合算一些。

◎两两比较的T法

设某因子有 r 个水平，每个水平下各做 m 次试验，得 r 个样本均值 $\bar{Y}_1$，$\bar{Y}_2$，$\cdots$，$\bar{Y}_r$，以 V_e 记误差的方差，即 $V_e = S_e/(n-r)$，$n=rm$。对这 r 个样本均值，我们作两两比较（一共要做C次），以判定其相应的总体均值是否有显著差异。给定检验水平 α，由 q 表（见附录4）查出 $q_\alpha(r,f_e)$ 的值，$f_e = n-r$，并计算临界值。

$$d_T = q_\alpha(r,f_e)\sqrt{V_e/m}$$

记 $d_{ij} = \left| \bar{Y}_{\cdot i} - \bar{Y}_{\cdot j} \right|$，若 $d_{ij} > d_T$，则在显著水平 α 下拒绝 "$\mu_i = \mu_j$" $(i,j=1,2,\cdots,r)$

◎两两比较的S法

S法与T法完全类似，只不过T法仅适用于各水平等重复试验情况，而S法可同时适用于等重复不等重复2种情况。对等重复试验情况，S法给出的临界值为：

$$d_S = \sqrt{2} \cdot S_\alpha(r-1,f_e)\sqrt{V_e/m}$$

其中

$$S_\alpha(r-1,f_e) = \sqrt{(r-1)F_\alpha(r-1,f_e)}$$

对非等重复试验情况，如果r个水平的试验重复次数分别为 $n_1, n_2, \cdots, n_r$，则S法给出的临界值为：

$$d_s(i,j)=S_\alpha(r-1,f_e)\sqrt{\frac{1}{n_i}+\frac{1}{n_j}}V_e$$

如果 $d_{ij}=Y_i-Y_j \leqslant d_s(i,j)$，则认为在水平 α 下 A_j 无显著差异；反之，认为 A_i 与 A_j 有显著差异。

◎序列检验的K法。

首先列出因子各水平下指标平均值的差数三角形表（如表1-8）。表中第1列水平的顺序按其指标平均值由大到小从上到下排列，第1行水平的顺序按其指标平均值由小到大从左到右排列，表中 $Y_{(i)}$ 表示指标平均值从大到小排列处在第i位，$A_{(i)}$ 表示 $Y_{(i)}$ 所对应的水平，这样可使无重复的差数排在表的左上方形成一三角形。

水平	平均值	$A_{(r)}$	$A_{(r-1)}$	⋯	$A_{(j)}$	⋯	$A_{(2)}$	$A_{(1)}$
$A_{(1)}$	$\overline{Y}_{(1)}$	$\left|\overline{Y}_{(1)}-\overline{Y}_{(r)}\right|$	$\left|\overline{Y}_{(i)}-\overline{Y}_{(r-1)}\right|$	⋯	$\left|\overline{Y}_{(1)}-\overline{Y}_{(j)}\right|$	⋯	$\left|\overline{Y}_{(1)}-\overline{Y}_{(2)}\right|$	0
$A_{(2)}$	$\overline{Y}_{(2)}$	$\left|\overline{Y}_{(2)}-\overline{Y}_{(r)}\right|$	$\left|\overline{Y}_{(i)}-\overline{Y}_{(r-1)}\right|$	⋯	$\left|\overline{Y}_{(2)}-\overline{Y}_{(j)}\right|$	⋯	0	
⋯	⋯	⋯	⋯	⋯	⋯			
$A_{(i)}$	$\overline{Y}_{(i)}$	$\left|\overline{Y}_{(i)}-\overline{Y}_{(r)}\right|$	$\left|\overline{Y}_{(i)}-\overline{Y}_{(r-1)}\right|$	⋯	$\left|\overline{Y}_{(i)}-\overline{Y}_{(j)}\right|$			
⋯	⋯	⋯	⋯	⋯	⋯			
$A_{(r-1)}$	$\overline{Y}_{(r-1)}$	$\left|\overline{Y}_{(r-1)}-\overline{Y}_{(1)}\right|$	0					
$A_{(r)}$	$\overline{Y}_{(r)}$	0						

表1-8 指标平均值差数三角形表

其次对给定的 α，由q表查出 $q_\alpha(k, f_e)$，并计算

$$d_k=q_\alpha(k, f_e)\frac{S_e/f_e}{r}$$

式中，$k=2,3,\cdots,r$ 表示水平的平均指标按由大到小排列后，进行比较的2个水平相邻有k个水平。当 $\left|\overline{Y}_{(i)}-\overline{Y}_{(j)}\right| \leqslant d_k$，则认为 $A_{(i)}$ 与 $A_{(j)}$ 无显著

差异；当 $\left|\bar{Y}_{(i)}-\bar{Y}_{(j)}\right|>d_k$ 时，则认为 $A_{(i)}$ 与 $A_{(j)}$ 有显著差异。

这里值得指出的是，对等重复试验，进行两两比较时，T法比S法灵敏。用T法和S法均能得出因子对指标的影响显著与否的结论。而K法对不同"跨度"（相邻均值的个数）的差数采用不同的判定尺度，跨度大的，临界值也大，因此K法比T法尺度变严了，因而对差异的识别能力更强。

2. 两因子不重复试验的方差分析

（1）数学模型

设有2个因子A、B，因子A有r个不同水平 A_1, A_2, $\cdots$, A_r；因子B有s个不同水平 B_1, B_2, $\cdots$, B_s。在A、B的每一种组合水平 A_i、B_j 下做一次试验，试验结果记为 Y_{ij} (i=1,2,$\cdots$,r；j=1,2,$\cdots$,s) 所有 Y_{ij} 相互独立，这样共得rs个试验结果，见表1-9。

因子B＼因子A	B_1	B_2	$\cdots$	B_s	$Y_{i\cdot}$
A_1	Y_{11}	Y_{12}	$\cdots$	Y_{1s}	$Y_{1\cdot}$
A_2	Y_{21}	Y_{22}	$\cdots$	Y_{2s}	$Y_{2\cdot}$
$\cdots$	$\cdots$	$\cdots$	$\cdots$	$\cdots$	$\cdots$
A_r	Y_{r1}	Y_{r2}	$\cdots$	Y_{rs}	$Y_{r\cdot}$
$Y_{\cdot j}$	$Y_{\cdot 1}$	$Y_{\cdot 2}$	$\cdots$	$Y_{\cdot s}$	

表1-9 两因子不重复试验数据表

这种对每个水平组合 (A_i, B_j)(i=1,2,$\cdots$,r；j=1,2,$\cdots$,s) 各做1次试验的情形称为两因子非重复试验。试问：因子A各水平之间是否存在显著差异？因子B各水平之间是否存在显著差异？对于显著因子，显著的差异又存在于哪些水平对？

假定 $Y_{ij}\sim N(\mu_{ij}, \sigma^2)$，其中 $\mu_{ij}=\mu+\alpha_i+\beta_j$(i=1,2,$\cdots$,s)，且 α_i、β_j 满足 $\sum\limits_{i=1}^{r}\alpha_i=0$ $\sum\limits_{j=1}^{s}\beta_j=0$，于是两因子非重复试验的数学模型为：

$$\begin{cases} Y_{ij} = \mu + \alpha_i + \beta_j + \varepsilon_{ij} \\ \varepsilon_{ij} \sim N(0, \sigma^2) \end{cases} \quad (i=1,2,\cdots,r; \ j=1,2,\cdots,s)$$

其中：ε_{ij}相互独立，称为随机误差；α_i称为因子A第i水平的效应；β_j称为因子B第j水平的效应。所以推断因子A的影响是否显著的问题，就等价于检验假设$H_{01}:\alpha_1=\alpha_2=\cdots=\alpha_r=0$是否成立；推断因子B的影响是否显著，等价于检验假设$H_{02}:\beta_1=\beta_2=\cdots=\beta_s=0$是否成立。

（2）波动平方和分解与显著性检验

仿照单因子试验方差分析的方法，先做平方和与自由度分解。记

$$\overline{Y}_{i\cdot}=\frac{1}{s}\sum_{j=1}^{s}Y_{ij}, \ \overline{Y}_{\cdot j}=\frac{1}{r}\sum_{i=1}^{r}=Y_{ij}$$

$$\overline{Y}_{\cdot\cdot}=\frac{1}{rs}\sum_{i=1}^{r}\sum_{j=1}^{s}Y_{ij}=\frac{1}{r}\sum_{i=1}^{r}\overline{Y}_{i\cdot}=\frac{1}{s}\sum\overline{Y}_{\cdot j}$$

于是总波动平方和可分解为

$$S_T=\sum_{i=1}^{r}\sum_{j=1}^{s}(Y_{ij}-\overline{Y})^2$$

$$=\sum_{i=1}^{r}\sum_{j=1}^{s}[(Y_{ij}-\overline{Y}_{i\cdot}-\overline{Y}_{\cdot j}+\overline{Y})+(\overline{Y}_{i\cdot}-\overline{Y})+(\overline{Y}_j-\overline{Y})]^2$$

$$=\sum_{i=1}^{r}\sum_{j=1}^{s}[(Y_{ij}-\overline{Y}_{i\cdot}-\overline{Y}_{\cdot j}+\overline{Y})^2+s\sum_{i=1}^{r}(\overline{Y}_{i\cdot}-\overline{Y})^2+r\sum_{j=1}^{s}(Y_j-Y)^2+$$

$$\sum_{i=1}^{r}\sum_{j=1}^{s}(\overline{Y}_{ij}-\overline{Y}_{i\cdot}-\overline{Y}_{\cdot j}+\overline{Y})(\overline{Y}_{i\cdot}-\overline{Y})+$$

$$\sum_{i=1}^{r}\sum_{j=1}^{s}(\overline{Y}_{ij}-\overline{Y}_{i\cdot}-\overline{Y}_{\cdot j}+\overline{Y})(\overline{Y}_{i\cdot}-\overline{Y})+$$

$$\sum_{i=1}^{r}\sum_{j=1}^{s}(\overline{Y}_{ij}-\overline{Y}_{i\cdot})(\overline{Y}_{i\cdot}-\overline{Y})$$

$$=\sum_{i=1}^{r}\sum_{j=1}^{s}(Y_{ij}-\overline{Y}_{i\cdot}-\overline{Y}_{\cdot j}+\overline{Y})^2+s\sum_{i=1}^{r}(\overline{Y}_{i\cdot}-\overline{Y})^2+r\sum_{j=1}^{s}(\overline{Y}_j-\overline{Y})^2$$

$$=S_e+S_A+S_B$$

其中：

$$S_A = s \sum_{i=1}^{r} (\overline{Y}_{i\cdot} - \overline{Y})^2 = \frac{1}{s} \sum_{i=1}^{r} \left(\sum_{j=1}^{s} Y_{ij} \right)^2 - \frac{1}{rs} \left(\sum_{i=1}^{r} \sum_{j=1}^{s} Y_{ij} \right)^2 = \frac{1}{s} \sum_{i=1}^{r} T_{i\cdot}^2 - \frac{T^2}{rs}$$

$$S_B = r \sum_{j=1}^{s} (\overline{Y}_{\cdot j} - \overline{Y})^2 = \frac{1}{r} \sum_{j=1}^{s} \left(\sum_{i=1}^{r} Y_{ij} \right)^2 - \frac{1}{rs} \left(\sum_{i=1}^{r} \sum_{j=1}^{s} Y_{ij} \right)^2 = \frac{1}{r} \sum_{j=1}^{s} T_{\cdot j}^2 - \frac{T^2}{rs}$$

$$S_e = \sum_{i=1}^{r} \sum_{j=1}^{s} (Y_{ij} - \overline{Y}_{i\cdot} - \overline{Y}_{j\cdot} - \overline{Y})^2$$

$$= \sum_{i=1}^{r} \sum_{j=1}^{s} Y_{ij}^2 - \frac{1}{s} \sum_{i=1}^{r} \left(\sum_{j=1}^{s} Y_{ij} \right)^2 - \frac{1}{r} \sum_{j=1}^{s} \left(\sum_{i=1}^{r} Y_{ij} \right)^2 - \frac{1}{rs} \left(\sum_{i=1}^{r} \sum_{j=1}^{s} Y_{ij} \right)^2$$

$$= \sum_{i=1}^{r} \sum_{j=1}^{s} Y_{ij}^2 - \frac{1}{s} \sum_{i=1}^{r} T_j^2 - \frac{1}{r} \sum_{j=1}^{s} T_j^2 + \frac{T^2}{rs}$$

这里各平方和的自由度分别为：

$f_T = rs-1, f_A = r-1, f_B = s-1, f_e = (r-1)(s-1)$

且有

$f_T = f_e + f_A + f_B$

令统计量为：

$$F_A = \frac{S_A / f_A}{S_e / f_e} = \frac{S_A / (r-1)}{S_e / (r-1)(s-1)}$$

$$F_B = \frac{S_B / f_B}{S_e / f_e} = \frac{S_B / (r-1)}{S_e / (r-1)(s-1)}$$

由 W.G.柯赫伦因子分解定理而知：当 H_{01} 成立时，$F_A \sim F\{r-1, (r-1)(s-1)\}$；当 H_{02} 成立时，$F_B \sim F\{s-1, (r-1)(s-1)\}$。对给定的显著水平 α，由 F 分布表查出 $F_\alpha \sim F\{r-1, (r-1)(s-1)\}$、$F_\alpha \sim F\{s-1, (r-1)(s-1)\}$，若 $F_A \geq F_\alpha\{r-1, (r-1)(s-1)\}$，则拒绝假设 H_{01}，即认为因子 A 对试验结果有显著影响。对 B 同样可进行讨论。最后把上述讨论总结为方差分析表（表1-10）。

方差来源	波动平方和	自由度	方差	F值	显著性
因子A	S_A	$f_A = r-1$	$V_A = S_A/f_A$	V_A/V_e	
因子B	S_B	$f_B = r-2$	$V_B = S_B/f_B$	V_B/V_e	
误差	S_e	$f_e = (r-1)(s-1)$	$V_e = S_e/f_e$		
总和	S_T	$f_T = rs-1$			

表1-10 两因子不重复试验方差分析表

3. 参数估计与多重比较

在模型中，未知参数 μ、α_i、β_i、σ^2 的无偏估计量分别为

$$\hat{\mu}_i = \overline{Y}$$

$$\hat{\alpha}_i = \overline{Y}_{\cdot i} - \overline{Y} \qquad (i=1,2\ldots,r)$$

$$\hat{\beta}_i = \overline{Y}_{\cdot j} - \overline{Y} \qquad (i=1,2\ldots,r)$$

$$\hat{\sigma}^2 = \frac{1}{(r-1)(s-1)} S_c^2$$

和单因子方差分析一样，当因子显著时，可以进一步考虑哪些水平之间显著，哪些水平之间不显著，这个问题我们仍然可用T法、S法或K法对因子A、B分别加以判定。例如，若要对因子A的各水平进行比较时，按T法计算公式为：

$$d_{ij} = \left| \overline{Y}_{\cdot i} - \overline{Y}_{j\cdot} \right| \qquad (i=1,2\ldots,r)$$

$$d_T = q_\alpha(r-fe) \sqrt{\frac{S_e}{sf_e}}$$

其中 $q_\alpha(r,fe)$ 由附表4查得。将 d_{ij} 与 d_T 的值进行比较：若 $d_{ij} > d_T$，则在显著水平 α 下，认为因子A的第i水平与第j水平对试验结果有显著差异；反之，则认为它们对试验结果无显著差异。同理可对因子B的各水平进行讨论，其中 d_{ij} 与 d_T 计算公式为：

$$d_{ij} = \left| \overline{Y}_{\cdot i} - \overline{Y}_{j\cdot} \right| \qquad (i=1,2\ldots,r)$$

$$d_T = q_\alpha(s-fe) \sqrt{\frac{S_e}{rf_e}}$$

4. 两因子等重复试验的方差分析

在试验中，有时我们不仅要考虑每个因子对试验结果的影响，而且还要考虑2个因子之间不同的水平搭配对试验结果的影响，即交互作用对试验结果的影响。考虑交互作用是否存在是多因子试验方差分析与单因子方差分析的一个很大区别。

（1）交互作用的概念

所谓交互作用就是因子各水平之间的一种联合搭配作用。

（2）两因子等重复试验的数学模型

设有2个因子A、B，因子A有r个水平A_1，A_2，…A_r；因子B有s个水平B_1，B_2，…B_s。在每一种水平组合 (A_i, B_j) 下重复做t次试验，测得试验数据记为Y_{ijk} $(i=1,2,\cdots,r；j=1,2,\cdots,s；k=1,2\cdots,t)$，试验结果如表1-11所列。

因子B 因子A	B_1	B_2	…	B_s
A_1	$Y_{111}Y_{112}\cdots Y_{11t}$	$Y_{121}Y_{122}\cdots Y_{12t}$	…	$Y_{1s1}Y_{1s2}\cdots Y_{1st}$
A_2	$Y_{211}Y_{212}\cdots Y_{21t}$	$Y_{221}Y_{222}\cdots Y_{22t}$	…	$Y_{2s1}Y_{2s2}\cdots Y_{2st}$
…	…	…		…
A_r	$Y_{r11}Y_{r12}\cdots Y_{r1t}$	$Y_{r21}Y_{r22}\cdots Y_{r2t}$		$Y_{rs1}Y_{rs2}\cdots Y_{rst}$

表1-11 两因子等重复试验数据表

试问：A、B与A×B对试验指标Y是否有显著影响？对于显著因子，显著差异存在于哪些水平对？交互作用显著时，A与B的哪些水平搭配较好？

假定Y_{ijk}服从正态分布$N(\mu_{ij}, \sigma_2)$ $(i=1,2\cdots,r；j=1,2,\cdots,t)$，且相互独立，其中

$$\mu_{ij}=\mu+\alpha_i+\beta_j+\delta_{ij} \qquad (i=1,2,\cdots,r；j=1,2,\cdots,s)$$

$$\mu = \frac{1}{rs} \sum_{j=1}^{r} \sum_{k=1}^{s} \mu_{ij}$$

$$\alpha_i = \frac{1}{s} \sum_{j=1}^{s} \mu_{ij} - \mu$$

$$\beta_j = \frac{1}{r} \sum_{i=1}^{r} \mu_{ij} - \mu$$

$$\delta_{ij} = \mu_{ij} - \mu - \alpha_i - \beta_j$$

α_i 为因子A第i个水平的效应，β_j 为因子B第j水平的效应，δ_{ij} 为交互作用 A × B 在 (A_i, B_j) 下的效应，且满足

$$\sum_{i=1}^{r} \alpha_i = 0, \quad \sum_{j=1}^{s} \beta_j = 0, \quad \sum_{i=1}^{r} \delta_{ij} = \sum_{j=1}^{s} \delta_{ij} = 0$$

从而得出两因子等重复试验方差分析的数学模型为

$$\begin{cases} Y_{ijk} = \mu + \alpha_i + \beta_j + \delta_{ij} + \varepsilon_{ijk} \\ \varepsilon_{ijk} \sim N(0, \ \sigma 2) \end{cases} \quad (i=1,2,\cdots,r; \ j=1,2,\cdots,s; \ k=1,2,\cdots,t)$$

其中 ε_{ijk} 为随机误差。

因此，要判断因子A、B及交互作用A×B的影响是否显著问题，分别等价于检验假设：

$$H_{01}: \alpha_1 = \alpha_2 = \cdots = \alpha_r = 0$$

$$H_{02}: \beta_1 = \beta_2 = \cdots = \beta s = 0$$

$$H_{03}: \delta_{11} = \delta_{12} = \cdots = \delta_{rs} = 0$$

（3）波动平方和分解及显著性检验

$$T_{ij\cdot} = \sum_{k=1}^{t} Y_{ijk}, \quad T_{i\cdot\cdot} = \sum_{j=1}^{s} \sum_{k=1}^{t} Y_{ijk}, \quad T_{\cdot j\cdot} = \sum_{i=1}^{r} \sum_{k=1}^{t} Y_{ijk}, \quad T = \sum_{i=1}^{r} \sum_{j=1}^{s} \sum_{k=1}^{t} Y_{ijk}$$

$$\overline{Y}_{ij\cdot} = \frac{1}{t} T_{ij\cdot}, \quad \overline{Y}_{i\cdot\cdot} = \frac{1}{st} T_{i\cdot\cdot}, \quad \overline{Y}_{\cdot j\cdot} = \frac{1}{rt} T_{\cdot j\cdot}, \quad \overline{Y} = \frac{1}{rst} T$$

与两因子非重复试验的方差分析类似，做波动平方和分解为：

$$S_T = \sum_{i=1}^{r} \sum_{j=1}^{s} \sum_{k=1}^{t} (Y_{ijk} - \overline{Y})^2 = \sum_{i=1}^{r} \sum_{j=1}^{s} \sum_{k=1}^{t} Y_{ijk}^2 - \frac{T^2}{rst}$$

上式称为波动平方和分解公式。其中：

$$S_A = st \sum_{i=1}^{r} (\overline{Y}_{i..} - \overline{Y})^2 = \frac{1}{st} \sum_{i=1}^{r} T_{i..}^2 - \frac{T^2}{rst}$$

$$S_B = rt \sum_{j=1}^{s} (\overline{Y}_{.j.} - \overline{Y})^2 = \frac{1}{rt} \sum_{j=1}^{s} T_{.j.}^2 - \frac{1}{rst} T^2$$

$$S_{A \times B} = t \sum_{i=1}^{r} \sum_{j=1}^{s} (\overline{Y}_{ij.} - \overline{Y}_{i..} - \overline{Y}_{j.} + \overline{Y})^2 = \frac{1}{t} \sum_{i=1}^{r} \sum_{j=1}^{s} T_{ij.}^2 - \frac{1}{st} \sum_{r=1}^{r} T_{i..}^2 - \frac{1}{rt} \sum_{j=1}^{s} T_{.j.}^2 - \frac{T^2}{rst}$$

$$S_e = \sum_{i=1}^{r} \sum_{j=1}^{s} \sum_{k=1}^{t} (Y_{ijk} - \overline{Y}_{ij.})^2 - \sum_{i=1}^{r} \sum_{j=1}^{s} \sum_{k=1}^{t} Y_{ijk}^2 - \frac{1}{t} \sum_{i=1}^{r} \sum_{k=1}^{s} T_{ij.}^2$$

自由度也可做相应分解，即：

其中$f_T = rst-1, f_A = r-1, f_B = s-1, f_{A \times B} = (r-1)(s-1), f_e = rs(t-1)$，令

$$F_A = \frac{S_A/f_A}{S_e/f_e} \qquad F_B = \frac{S_B/f_B}{S_e/f_e} \qquad F_{A \times B} = \frac{S_{A \times B} f_{A \times B}}{S_e/f_e}$$

则在假设H_{01}、H_{02}和H_{03}成立时，

$$F_A \sim F\{r-1, rs(t-1)\}, \quad F_B \sim F\{s-1, rs(t-1)\}$$

$$F_{A \times B} \sim F\{(r-1)(s-1), \ rs(t-1)\}$$

对显著水平α，查F分布表得$F_\alpha\{(r-1), rs(t-1)\}$、$F_\alpha\{(s-1), rs(t-1)\}$和$F_\alpha\{(r-1)(s-1), rs(t-1)\}$。若$F_A \geq F_\alpha\{(r-1), rs(t-1)\}$则拒绝$H_{01}$，即认为因子A对试验结果有显著影响；若接受$H_{01}$，即认为因子A对试验结果无显著影响，若接受$H_{02}$，即认为因子B对试验结果无显著影响。

若$F_{A \times B} \geq F_\alpha\{(r-1)(s-1), rs(t-1)\}$则拒绝$H_{03}$，即认为因子A与B的交互作用$A \times B$的试验结果有显著影响。将整个分析过程列成方差分析表。（表1-12）

方差来源	波动平方和	自由度	方差	F值	显著性
因子A	S_A	$f_A = r-1$	$V_A = S_A/f_A$	$F_A = V_A/V_e$	
因子B	S_B	$f_B = r-2$	$V_B = S_B/f_B$	$F_B = V_B/V_e$	
$A \times B$	$S_{A \times B}$	$f_{A \times B} = (r-1)(s-1)$	$V_{A \times B} = S_{A \times B}/f_{A \times B}$	$F_{A \times B} = V_{A \times B}/V_e$	
误差	S_e	$f_e = rs(t-1)$	$V_e = S_e/f_e$		
总和	S_T	$f_T = rst-1$			

表1-12 两因子等重复试验方差分析表

（4）参数估计与多重比较

在下式中，未知参数 μ、α_i、β_j、δ_{ij}、δ^2的无偏估计分别为：

$$\begin{cases} Y_{ijlk}=Y_{ijk}=\mu+\alpha_i+\beta_j+\delta_{ij}+\varepsilon_{ijk} \\ \varepsilon_{ijk}\sim N(0,\ \sigma^2) \end{cases} \quad (i=1,2,\cdots,r;\ j=1,2,\cdots,s;\ k=1,2,\cdots,t)$$

$$\hat{\mu}=\overline{Y}$$

$$\hat{\alpha}_i=\overline{Y}_{i\cdots}-\overline{Y} \qquad (i=1,2,\cdots,r)$$

$$\hat{\beta}_i=\overline{Y}_{\cdot j\cdot}-\overline{Y} \qquad (i=1,2,\cdots,s)$$

$$\hat{\delta}_{ij\cdot}=\overline{Y}_{ij\cdot}-\overline{Y}_{i\cdots}-\overline{Y}_{\cdot j}-\overline{Y} \qquad (i=1,2,\cdots,r;j=1,2,\cdots,s)$$

$$\hat{\sigma}^2=\frac{1}{rs(t-1)}S_e$$

对两因子等重复试验的方差分析，同样也可做多重比较。

若要用T法对A的各水平做多重比较，则按下列公式分别计算d_{ij}与d_T的值。

$$d_{ij}=\left|\overline{Y}_{i\cdots}-\overline{Y}_{j\cdot}\right| \qquad (i,=1,2\cdots,r;\ j=1,2,\cdots,r)$$

$$d_T=q_\alpha(r-fe)\sqrt{\frac{S_c}{f_e st}}$$

若要对B的各水平做多重比较，则相应的d_{ij}与d_T的计算公式为

$$d_{ij}=\left|\overline{Y}_{\cdot i\cdot}-\overline{Y}_{\cdot j\cdot}\right| \qquad (i,=1,2\cdots,s;\ j=1,2,\cdots,s)$$

$$d_T=q_\alpha(s-fe)\sqrt{\frac{S_c}{f_e rt}}$$

若要对交互作用A×B的rs个水平（A_i，B_j）做多重比较，计算d_{ijlk}与d_T的公式为：

$$d_{ijlk}=\left|\overline{Y}_{ij\cdot}-\overline{Y}_{lk\cdot}\right| \qquad (i,l=1,2\cdots,r;\ j,k=1,2,\cdots,s)$$

$$d_T=q_\alpha(rs-fe)\sqrt{\frac{S_c}{f_e t}}$$

1.5.3　试验结果的回归分析

回归分析是数据分析的有力工具，它能揭示变量之间的相互关系，还可以根据因子水平对目标变量进行预测，在试验设计中，回归分析是重要分析手段之一。因为回归分析较为复杂，计算量很大，故一般都用统计软件进行处理，Minitab中就有专门的回归分析工具。

1.　一元线性回归分析

（1）数学模型

考察随机变量Y（因变量）与可控变量X（自变量）之间的相互关系。所谓相互关系就是说，当X取一个确定的值时，Y有不确定性，即Y的概率分布与X有关。对于X的一组不完全相同的观测值 $(X_1, X_2, \cdots, X_n)$ 做n次独立试验，得到随机变量Y相应的观测值 $(y_1, y_2, \cdots, yn)$，这就构成n对资料 $(X_1, y_1), (x_2, y_2), \cdots, (X_n, y_n)$，称之为一组容量为n的样本。假设它们满足关系：

$$y_i = a + bx_i + \varepsilon_i \quad (i = 1, 2, \cdots, n)$$

且 $\varepsilon_1, \varepsilon_2, \cdots, \varepsilon_n$ 相互独立，同时服从 $N(0, \sigma^2)$ 分布，则称Y与X服从一元线性回归模型，或一元线性正态回归模型，(a, b, σ^2) 称为模型参数。

一元线性回归分析主要解决如下几个问题：

◎对参数a、b和 σ^2 进行估计，得估计量 $\hat{a}$、$\hat{b}$、$\hat{\sigma}^2$，$\hat{a}$、$\hat{b}$、$\hat{\sigma}^2$ 所确定的直线 $\hat{y} = \hat{a} + \hat{b}x$ 称为经验回归方程（或经验公式），简称为回归方程，它在几何图形上代表的直线称为经验回归直线（简称回归直线）；

◎回归方程的显著性检验；

◎对于X的某个估计值 X_0，给出Y的区间估计（预测问题）。对于

Y的一个指定范围，给出X的控制区间（控制问题）。

（2）回归方程的参数估计

◎ (a,b) 的最小二乘数估计

对一组观察值 (X_i, y_i) $(i=1,2\cdots,n)$

所谓最小二乘估计，就是寻找未知参数 (a,b) 的估计量 $(\hat{a},\hat{b})$，使得：

$$Q(a,b)=\sum_{i=1}^{n}(y_i-a-bx_i)^2$$

在点 $(\hat{a},\hat{b})$，取得最小值，即：

$$Q(\hat{a},\hat{b})=\min Q(a,b)$$

满足上式的估计量 (a,b)，称为 (a,b) 的最小二乘估计，此种方法称为最小二乘法。

根据多元函数求最小值的方法，我们令：

$$\begin{cases} \dfrac{\partial Q}{\partial a}\bigg|_{(a,b)=(\hat{a},\hat{b})} = -2\sum_{i=1}^{n}(y_i-\hat{a}-\hat{b}x_i)=0 \\[3mm] \dfrac{\partial Q}{\partial b}\bigg|_{(a,b)=(\hat{a},\hat{b})} = -2\sum_{i=1}^{n}(y_i-\hat{a}-\hat{b}x_i)=0 \end{cases}$$

整理得方程组：

$$n\hat{a}+n\hat{b}\bar{x}=n\bar{y}$$

$$n\hat{a}\bar{x}+\hat{b}\sum_{i=1}^{n}x_i^2=\sum_{i=1}^{n}x_iy_i^2 \qquad n\hat{a}\bar{x}+\hat{b}\sum x_i^2=\sum x_iy_i$$

这里，$\bar{x}=\dfrac{1}{n}\sum_{i=1}^{n}x_i$，$\bar{y}=\dfrac{1}{n}\sum_{i=1}^{n}y_i$，由于$x_i$互不相同，上式的系数行列式

$$\begin{vmatrix} n & n\bar{x} \\ n\bar{x} & \sum_{i=1}^{n}x_i^2 \end{vmatrix} = n\sum_{i=1}^{n}(x_i-\bar{x})^2 \neq 0$$

故上式方程组有唯——组解：

$$\hat{a} = \bar{y} - \hat{b}\bar{x}$$

$$\hat{b} = \frac{\sum\limits_{i=1}^{n}(x_i-\bar{x})(y_i-\bar{y})}{(x_i-\bar{x})^2 \sum\limits_{i=1}^{n}} = \frac{\sum\limits_{i=1}^{n}(x_i y_i - n\bar{x}\bar{y})}{\sum\limits_{i=1}^{n}x_i^2 - n\bar{x}^2}$$

若记：$L_{xx} = \sum\limits_{i=1}^{n}(x_i-\bar{x})^2 = \sum\limits_{i=1}^{n}x_i^2 - n\bar{x}^2$

$$L_{xx} = \sum\limits_{i=1}^{n}(x_i-\bar{x})(y_i-\bar{y}) = \sum\limits_{i=1}^{n}x_i y_i - n\bar{x}\bar{y}$$

$$L_{xx} = \sum\limits_{i=1}^{n}(y_i-\bar{y})^2 = \sum\limits_{i=1}^{n}y_i^2 - n\bar{y}^2$$

$$\hat{b} = \frac{l_{xy}}{l_{xx}} \qquad \hat{a} = \bar{y} - \hat{b}\bar{x}$$

于是用最小二乘法求得经验回归方程：

$$\hat{y} = \bar{a} + \hat{b}x$$

◎ σ^2的估计

由于 $\sigma^2 = D\varepsilon = D\varepsilon^2$，故可以用 $\dfrac{1}{n}\sum\limits_{i=1}^{n}\varepsilon_i^2$ 作为σ^2的矩估计，而 $\varepsilon_i = y_i - a - bx_i$是未知的，以 $\hat{a}$、$\hat{b}$代替 a、b可得：

$$\hat{\delta}^2 = \frac{1}{n}\sum\limits_{i=1}^{n}(y_i - \hat{a} - \hat{b}x_i)^2$$

上式可看做是σ^2的近似矩估计，且可变形为：

$$\delta^2 = \frac{1}{n}\sum\limits_{i=1}^{n}(y_i-\bar{y})^2 - \hat{b}^2\frac{1}{n}\sum\limits_{i=1}^{n}(x_i-\bar{x})^2 = \frac{1}{n}l_{yy} - \frac{\hat{b}^2}{n}l_{xx}$$

可以证明$E(\sigma^2) = \sigma^2$，说明σ^2不是σ^2的无偏估计，但

$$\hat{\delta}^{*2} = \frac{1}{n-2}\sum\limits_{i=1}^{n}(y_i - \hat{a} - \hat{b}x_i)^2$$

是 σ^2 的无偏估计。一般称 σ^{*2} 为 σ^2 的修正估计，σ^* 为修正样本标准差。

（3）回归方程的显著性检验

◎方差分析法

有 $l_{yy} = Q + l_{xx} \hat{b}^2 = Q + l_{xx} \hat{b} = Q + U$

式中 $Q = \sum\limits_{i=1}^{n} (y_i - \hat{a} - \hat{b}x_i)^2$；$U = \sum\limits_{i=1}^{n} (Y_i - \bar{Y})^2 = \hat{b}l_{xy}$。$l_{yy}$ 表示了观测资料的总波动平方和。U反映了总波动平方和中由于x与y的线性关系所引起的y的变化情况，因此称U为回归平方和。Q表示观察值 y_i 与经验回归直线上 x_i 所对应的纵坐标 y_i 的偏离情况，它们扣除了x对y的线性影响后所剩余的平方和，因此称Q为残差平方和，它主要反映试验误差的大小。上式称为平方和分解公式。回归方程的显著性检验就是要检验假设 H_0 ：b=0是否成立。

在假设 H_0 成立的条件下，不难证明 $\dfrac{Q}{\sigma^2} \sim x^2 (n-2)$，$\dfrac{U}{\sigma^2} \sim x^2 (1)$，且Q与U相互独立，构造统计量：

$$F = \frac{U / f_U}{Q / f_Q} = \frac{U / f_1}{Q / (n-2)} = \frac{(n-2)U}{Q}$$

则 $F \sim F (1, n-2)$。

回归方程的显著性检验的步骤如下：

a. 计算U和Q的值，并按上式计算F的值；

b. 对给定的显著水平 α，由F分布表查出 $F_\alpha (1, n-2)$ 的值，若 $F \geqslant F_\alpha (1, n-2)$，则拒绝假设 H_0，即认为回归方程显著，若 $F < F_\alpha (1, n-2)$，则接受假设 H_0，即认为回归方程不显著。

◎相关系数检验法

称统计量

$$r = \frac{\sum\limits_{i=1}^{n}(x_i-\bar{x})(y_i-\bar{y})}{\sqrt{\sum\limits_{i=1}^{n}(x_i-\bar{x})^2\sum\limits_{i=1}^{n}(y_i-\bar{y})^2}} = \frac{1_{xy}}{\sqrt{1_{xx}\cdot 1_{yy}}}$$

为样本相关系数，它是总体相关系数的估计量。可以验证$|r|\leqslant 1$，它定量地描述了2个变量x和y之间的线性相关程度，$|r|$越接近于1，x与y之间的线性关系越好。$|r|$大到什么程度才能认为2个变量x和y之间有线性相关关系呢？对给定的显著水平α，由相关系数临界值表查出临界值$r_\alpha(n-2)$；若$|r|\geqslant r_\alpha(n-2)$，则认为回归方程在$\alpha$水平下显著，也就是说，我们以$1-\alpha$的把握认为x与y之间有线性相关关系；若$|r|<r_\alpha(n-2)$，则不能认为x与y之间存在线性相关关系，这时所配的回归直线是无实际意义的。

（4）预测和控制

当我们求得变量x,y之间的回归方程以后，往往希望通过回归方程回答以下2个方面的问题：

◎对于任一一定的观测点x_0，推断y_0大致在什么范围内，这就是预测问题；

◎若要求y在一定范围（y_1,y_2）内取值，应将变量x控制在什么范围内，这就是控制问题。

先看预测问题。对于给定的x_0，由回归方程可得到$\hat{y}_0=(\hat{a}+\hat{b}x_0)$，用$\hat{y}_0$作为$y_0$的点估计。下面讨论$y_0$的预测区间。由于对$x_0$有$y_0=a+bx_0+\varepsilon_0$，且$\varepsilon_0$与$\varepsilon_i$（$i=1,2,\cdots,n$）独立，同服从$N(0,\sigma^2)$分布，则$y_0$与$y_1,\cdots,y_n$相互独立，考虑以$y_0-\hat{y}_0=y_0-(\hat{a}+\hat{b}x_0)$，由于$y_0$与$\hat{y}_0$相互独立，且服从正态分布，则$y_0-y_0$服从正态分布，由于：

$$E(y_0-\hat{y}_0)=Ey_0-(a+bx_0)=0$$

$$D(y_0-\hat{y}_0)=Dy_0+D\hat{y}_0=\left[1+\frac{1}{n}+\frac{(x_0-\bar{x})^2}{\sum\limits_{i=1}^{n}(x_i-\bar{x})^2}\right]\sigma^2$$

$$(y_0-\hat{y}_0)\sim N\left[0,\left[1+\frac{1}{n}+\frac{(x_0-\bar{x})^2}{\sum\limits_{i=1}^{n}(x_i-\bar{x})^2}\right]\sigma^2\right]$$

根据 $(y_0-\hat{y}_0)$ 与 $\hat{\sigma}^{*2}$ 相互独立，$\dfrac{(n-2)\hat{\sigma}^{*2}}{\sigma^*}\sim x^2(n-2)$，则

$$T=\frac{y_0-\hat{a}-\hat{b}x_0}{\hat{\sigma}^*\sqrt{1+\dfrac{1}{n}+\dfrac{(x_0-\bar{x})^2}{\sum\limits_{i=1}^{n}(x_i-\bar{x})^2}}}\sim t(n-2)$$

对于给定的置信度 $1-\alpha$，由 $P\left\{|T|\leqslant t\dfrac{\alpha}{2}(n-2)\right\}=1-\alpha$ 可得 y_0 的置信区间为：

$$[\hat{a}+\hat{b}x_0-\delta(x_0),\ \hat{a}+\hat{b}x_0+\delta(x_0)]$$

这里

$$\delta(x_0)=t\frac{\alpha}{2}(n-2)\hat{\sigma}^*\sqrt{1+\frac{1}{n}+\frac{(x_0-\bar{x})^2}{\sum\limits_{i=1}^{n}(x_i-\bar{x})^2}}$$

这就解决了预测问题。所谓控制，是预测的反问题，即要求变量y在一定范围 (y_1,y_2) 内取，应该把x控制在什么范围。只要存在一个 x_0，使得

$$\begin{cases}\hat{a}+\hat{b}x_0-\delta(x_0)\geqslant y_1\\\hat{a}+\hat{b}x_0-\delta(x_0)\leqslant y_2\end{cases}$$

这个问题就解决了。

原则上，预测和控制问题到此已经解决了，但由于前面的公式计算十分复杂，所以实际应用起来还要简化。当 x_0 取值在x附近而且n比较

大时，有 $1+\dfrac{1}{n}+\dfrac{(x_0-\bar{x})^2}{1_{xx}}\approx 1$，$\sigma^2\approx\dfrac{Q}{n-2}$

可以近似地认为：

$$y_0-\hat{y}_0\sim N\left[0,\dfrac{Q}{n-2}\right]$$

记 $S_y=\sqrt{\dfrac{Q}{n-2}}$，称 S_y 为剩余标准差。则由上式可知：

$$P\{\hat{y}_0-2S_y\leqslant y_0\leqslant \hat{y}_0+2S_y\}\geqslant 95\%$$

$$P\{\hat{y}_0-3S_y\leqslant y_0\leqslant \hat{y}_0+3S_y\}\geqslant 99\%$$

于是可用：

$$\hat{y}_0-2S_y\leqslant y_0\leqslant \hat{y}_0-2S_y$$

$$\hat{y}_0-3S_y\leqslant y_0\leqslant \hat{y}_0-3S_y$$

来进行预测和控制。

　　通常，在平面上作2条平行于回归直线的直线，

$$y=\hat{a}+\hat{b}x-2S_y$$

$$y=\hat{a}+\hat{b}x+2S_y$$

则可预测在x附近的一系列的观测值中，95%将落在这2条直线夹成的带形区域中。如果要控制y在 y_1 与 y_2 之间，也只要通过：

$$y_1=\hat{a}+\hat{b}x_1-2S_y$$

$$y_2=\hat{a}+\hat{b}x_2+2S_y$$

分别解出 x_1，x_2 而确定x值的控制范围。

　　当 $b>0$ 时，如解出的 $x_1\leqslant x_2$，则可控制x在 x_1 与 x_2 之间；当 $b<0$ 时，如解出的 $x_1>x_2$，则可控制x在 x_2 与 x_1 之间。如图1-7。

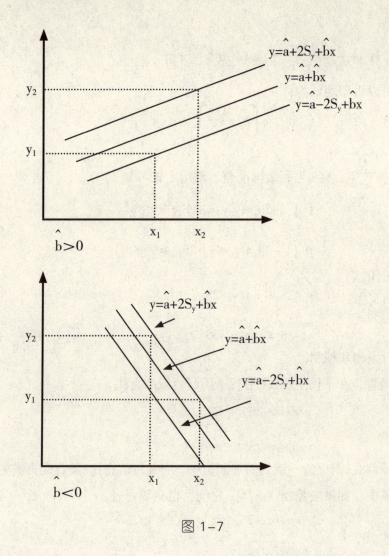

图 1-7

关于一元非线性回归分析和多元回归分析可用专用的统计软件进行分析。

第二章

单因素试验设计和分析

本章将介绍以下内容

- 单因素方差分析

- 多因素方差分析

- 协方差分析

- 单因素试验设计和分析

2.1　单因素方差分析

2.1.1　单因素方差分析概述

单因素方差分析是用来研究一个控制变量的不同水平是否对观测变量产生了显著影响。这里，由于仅研究单个因素对观测变量的影响，因此称为单因素方差分析。

例如，分析不同施肥量是否给农作物产量带来显著影响，考察地区差异是否影响妇女的生育率，研究学历对工资收入的影响等。这些问题都可以通过单因素方差分析得到答案。

单因素方差分析的第一步是明确观测变量和控制变量。例如，上述问题中的观测变量分别是农作物产量、妇女生育率、工资收入；控制变量分别为施肥量、地区、学历。

单因素方差分析的第二步是剖析观测变量的方差。方差分析认为：观测变量值变动会受控制变量和随机变量两方面的影响。据此，单因素方差分析将观测变量总的离差平方和分解为组间离差平方和和组内离差平方和两部分，用数学形式表述为：SST=SSA+SSE。

单因素方差分析的第三步是通过比较观测变量总离差平方和各部分所占的比例，推断控制变量是否给观测变量带来了显著影响。

2.1.2 单因素方差分析原理

在观测变量总离差平方和中，如果组间离差平方和所占比例较大，则说明观测变量的变动主要是由控制变量引起的，可以主要由控制变量来解释，控制变量给观测变量带来了显著影响；反之，如果组间离差平方和所占比例小，则说明观测变量的变动不是主要由控制变量引起的，不可以主要由控制变量来解释，控制变量的不同水平没有给观测变量带来显著影响，观测变量值的变动是由随机变量因素引起的。

2.1.3 单因素方差分析基本步骤

◎提出原假设：H_0——无差异；H_1——有显著差异。

◎选择检验统计量：方差分析采用的检验统计量是F统计量，即F值检验。

◎计算检验统计量的观测值和概率P值：该步骤的目的就是计算检验统计量的观测值和相应的概率P值。

◎给定显著性水平，并作出决策。

2.1.4 单因素方差分析的进一步分析

在完成上述单因素方差分析的基本分析后，可得到关于控制变量是否对观测变量造成显著影响的结论，接下来还应做其他几个重要分析，主要包括方差齐性检验、多重比较检验。

1. 方差齐性检验

方差齐性检验是指对控制变量不同水平下各观测变量总体方差是否

相等进行检验。

　　前面提到，控制变量不同各水平下观测变量总体方差无显著差异是方差分析的前提要求。如果没有满足这个前提要求，就不能认为各总体分布相同。因此，有必要对方差是否齐性进行检验。

　　单因素方差分析中，方差齐性检验采用了方差同质性（homogeneity of variance）检验方法，其原假设是：各水平下观测变量总体的方差无显著差异。

2. 多重比较检验

　　单因素方差分析的基本分析只能判断控制变量是否对观测变量产生了显著影响。如果控制变量确实对观测变量产生了显著影响，进一步还应确定控制变量的不同水平对观测变量的影响程度如何，其中哪个水平的作用明显区别于其他水平，哪个水平的作用是不显著的等等。

　　例如，如果确定了不同施肥量对农作物的产量有显著影响，那么还需要了解10公斤、20公斤、30公斤肥料对农作物产量的影响幅度是否有差异，其中哪种施肥量水平对提高农作物产量的作用不明显，哪种施肥量水平最有利于提高产量等。掌握了这些重要的信息就能够帮助人们制定合理的施肥方案，实现低投入高产出。

　　多重比较检验利用了全部观测变量值，实现对各个水平下观测变量总体均值的逐对比较。由于多重比较检验问题也是假设检验问题，因此也遵循假设检验的基本步骤。

2.1.5　介绍几种常用检验统计量的构造方法

1. LSD方法

　　LSD方法称为最小显著性差异（Least Significant Difference）法。最小显著性差异法的字画就体现了其检验敏感性高的特点，即水平间的均值只要存在一定程度的微小差异就可能被检验出来。

正是如此，它利用全部观测变量值，而非仅使用某两组的数据。LSD方法适用于各总体方差相等的情况，但它并没有对一类错误的概率问题加以有效控制。

2. S-N-K方法

S-N-K方法是一种有效划分相似性子集的方法。该方法适合于各水平观测值个数相等的情况。

3. 其他检验

（1）先验对比检验

在多重比较检验中，如果发现某些水平与另外一些水平的均值差距显著，如有五个水平，其中x1、x2、x3与x4、x5的均值有显著差异，就可以进一步分析比较这两组总的均值是否存在显著差异，即1/3(x1+x2+x3)与1/2(x4+x5)是否有显著差异。这种事先指定各均值的系数，再对其线性组合进行检验的分析方法称为先验对比检验。通过先验对比检验能够更精确地掌握各水平间或各相似性子集的均值差异程度。

（2）趋势检验

当控制变量为定序变量时，趋势检验能够分析随着控制变量水平的变化，观测变量值变化的总体趋势是怎样的，是呈现线性变化趋势，还是呈二次、三次等多项式变化。通过趋势检验，能够帮助人们从另一个角度把握控制变量不同水平对观测变量总体作用的程度。

2.2　多因素方差分析

2.2.1　多因素方差分析基本思想

多因素方差分析用来研究两个及两个以上控制变量是否对观测变量产生显著影响。这里，由于研究多个因素对观测变量的影响，因此称为多因素方差分析。多因素方差分析不仅能够分析多个因素对观测变量的独立影响，更能够分析多个控制因素的交互作用能否对观测变量的分布产生显著影响，进而最终找到利于观测变量的最优组合。

例如：分析不同品种、不同施肥量对农作物产量的影响时，可将农作物产量作为观测变量，品种和施肥量作为控制变量。利用多因素方差分析方法，研究不同品种、不同施肥量是如何影响农作物产量的，并进一步研究哪种品种与哪种水平的施肥量是提高农作物产量的最优组合。

2.2.2　多因素方差分析的其他功能

1. 均值检验

在SPSS中，利用多因素方差分析功能还能够对各控制变量不同水平下观测变量的均值是否存在显著差异进行比较，实现方式有两种，即多重比较检验和对比检验。多重比较检验的方法与单因素方差分析类似。对比检验采用的是单样本t检验的方法，它将控制变量不同水平下的观测变量值看做来自不同总体的样本，并依次检验这些总体的均值是否与某个指定的检验值存在显著差异。其中，检验值可以指定为以下几种：

◎观测变量的均值（Deviation）；

◎第一水平或最后一个水平上观测变量的均值（Simple）；

◎前一水平上观测变量的均值（Difference）；

◎后一水平上观测变量的均值（Helmert）。

2. 控制变量交互作用的图形分析

控制变量的交互作用可以通过图形直观分析。

3. 多因素方差分析的进一步分析

在上述案例中，已经将广告形式、地区对销售额的影响进行了多因素方差分析，建立了饱和模型。由分析可知：广告形式与地区的交互作用不显著。再进一步尝试非饱和模型，并进行均值比较分析、交互作用图形分析。

◎建立非饱和模型；

◎均值比较分析；

◎控制变量交互作用的图形分析。

2.2.3　方差分析的应用条件

方差分析的应用条件为：

◎各样本须是相互独立的随机样本；

◎各样本来自正态分布总体；

◎各总体方差相等，即方差齐性。

2.3　协方差分析

2.3.1　协方差分析基本思想

通过上述的分析可以看到，不论是单因素方差分析还是多因素方差分析，控制因素都是可控的，其各个水平可以通过人为的努力得到控制和确定。但在许多实际问题中，有些控制因素很难人为控制，且它们的不同水平确实对观测变量产生了较为显著的影响。

例如，在研究农作物产量问题时，如果仅考察不同施肥量、品种对农作物产量的影响，不考虑不同地块等因素而进行方差分析，显然是不全面的。因为事实上有些地块可能有利于农作物的生长，而另一些却不利于农作物的生长。不考虑这些因素进行分析可能会导致：即使不同的施肥量、不同品种农作物产量没有产生显著影响，但分析的结论却可能相反。

再例如，分析不同的饲料对生猪增重是否产生显著差异。如果单纯分析饲料的作用，而不考虑生猪各自不同的身体条件（如初始体重不同），那么得出的结论很可能是不准确的。因为体重增重的幅度在一定程度上是包含诸如初始体重等其他因素的影响的。

2.3.2　协方差分析的原理

协方差分析将那些人为很难控制的控制因素作为协变量，并在排除协变量对观测变量影响的条件下，分析控制变量（可控）对观测变量的作用，从而更加准确地对控制因素进行评价。

协方差分析仍然延续方差分析的基本思想，并在分析观测变量变差时，考虑了协变量的影响，人为观测变量的变动受四个方面的影响：即控制变量的独立作用、控制变量的交互作用、协变量的作用和随机因素的作用，并在扣除协变量的影响后，再分析控制变量的影响。

方差分析中的原假设是：协变量对观测变量的线性影响是不显著的；在协变量影响扣除的条件下，控制变量各水平下观测变量的总体均值无显著差异，控制变量各水平对观测变量的效应同时为零。检验统计量仍采用F统计量，它们是各均方与随机因素引起的均方比。

2.3.3 协方差分析的应用举例

为研究三种不同饲料对生猪体重增加的影响，将生猪随机分成三组各喂养不同的饲料，得到体重增加的数据。由于生猪体重的增加理论上会受到猪自身身体条件的影响，于是收集生猪喂养前体重的数据，作为自身身体条件的测量指标。如下表2-1所示。

x1	x2	x3
23	45	12
45	36	34
25	28	27
15	35	47
14	26	48
34	27	16
26	28	19
32	43	34
41	46	36
16	25	46

表2-1 重量表

协方差: x1, x2, x3

```
            x1          x2        x3
x1   116.5444
x2    40.5667     68.5444
x3   -49.8778    -18.7889   172.3222
```

2.4　单因素试验设计和分析

某企业研发了一款新产品，设计工程师提交了三种设计方案，要验证产品的可靠性MTBF，我们进行验证试验设计，应该选择哪种设计方案。试验设计结果如下2-2表所示：

1	2	3	MTBF	设计方案
100	76	108	100	1
96	80	100	96	1
92	75	96	92	1
96	84	98	96	1
92	82	100	92	1
			76	2
			80	2
			75	2
			84	2
			82	2
			108	3
			100	3
			96	3
			98	3
			100	3

表2-2 单因素试验

2.4.1　对试验样本进行正态性检验

根据方差分析的原理，要对试验设计样本进行正态性检验。

◎对设计方案1进行正态性检验，如图2-1所示。

从正态性检验图可以知道，p=0.273>0.05，设计方案1样本服从正态分布。

◎对设计方案2进行正态性检验，如图2-2所示。

从正态性检验图可以知道，p=0.59>0.05，设计方案2样本服从正态分布。

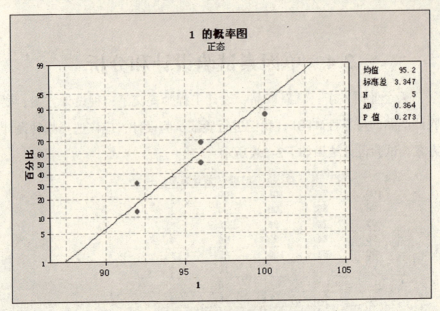

图2-1 正态性检验图

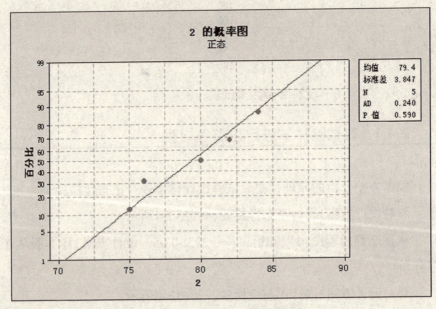

图2-2 正态性检验图

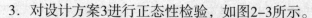

3. 对设计方案3进行正态性检验，如图2-3所示。

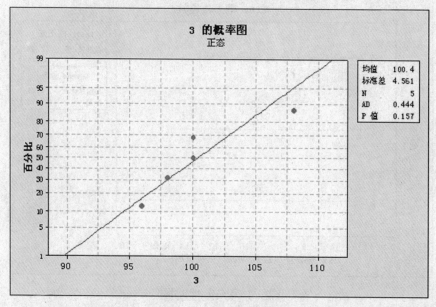

图2-3 正态性检验图

从正态性检验图可以知道，p=0.157>0.05，设计方案3样本服从正态分布。

2.4.2 对试验样本进行方差齐性检验

对设计方案进行方差齐性检验，如图2-4所示。

从等方差检验图可以知道，p=0.841>0.05设计方案的方差是等方差齐性的。

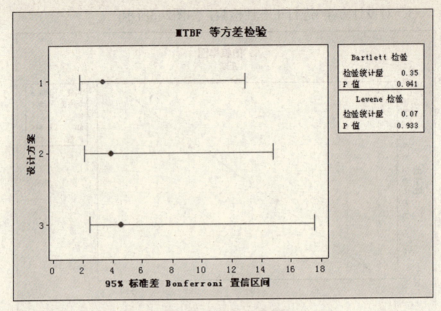

图2-4 等方差检验图

2.4.3　对试验样本进行均值检验

对设计方案进行均值检验：

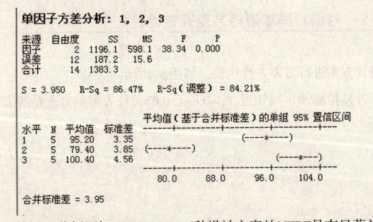

从以上分析可知，p=0.<0.05三种设计方案的MTBF是有显著差异的。

从箱线图可以看出三种设计方案的差异来：第三种设计方案MTBF最大，第二种设计方案MTBF最小。箱线图，如图2-5所示。

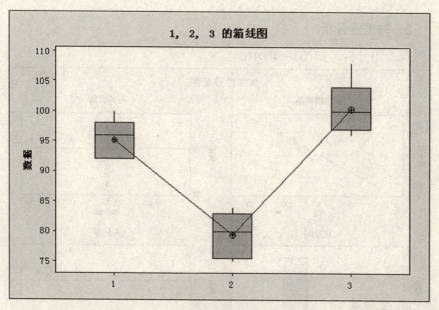

图2-5 箱线图

2.4.4 建立设计方案的模型

建立设计方案与MTBF的回归模型，看试验误差及拟合情况：

1. 设计方案与MTBF的回归模型：

回归分析：MTBF 与 设计方案

回归方程为
MTBF = 86.5 + 2.60 设计方案

自变量	系数	系数标准误	T	P	方差膨胀因子
常量	86.467	6.873	12.58	0.000	
设计方案	2.600	3.181	0.82	0.429	1.000

S = 10.0603   R-Sq = 4.9%   R-Sq(调整) = 0.0%

方差分析

来源	自由度	SS	MS	F	P
回归	1	67.6	67.6	0.67	0.429
残差误差	13	1315.7	101.2		
失拟	1	1128.5	1128.5	72.34	0.000
纯误差	12	187.2	15.6		
合计	14	1383.3			

P=0<0.05回归模型是失拟的。

2. 残差图分析

残差图分析，如图2-6所示。

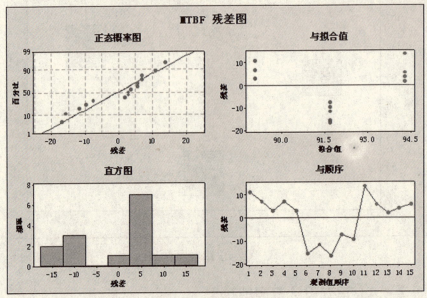

图2-6 残差分析图

从残差分析图可以看出试验误差及拟合情况：

◎看残差是否正态分布；

◎看残差与拟合值是否等方差，有没有异常情况。

3. 进行二次拟合

多项式回归分析: MTBF 与 设计方案

回归方程为
MTBF = 147.8 - 71.00 设计方案 + 18.40 设计方案**2

S = 3.94968   R-Sq = 86.5%   R-Sq（调整） = 84.2%

方差分析

来源	自由度	SS	MS	F	P
回归	2	1196.13	598.067	38.34	0.000
误差	12	187.20	15.600		
合计	14	1383.33			

方差的序贯分析

来源	自由度	SS	F	P
线性	1	67.60	0.67	0.429
二次	1	1128.53	72.34	0.000

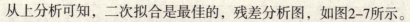

从上分析可知，二次拟合是最佳的，残差分析图，如图2-7所示。

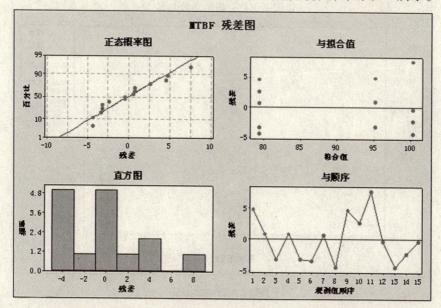

图2-7 残差分析图

从残差图分析可知，模型也有明显改善，试验误差也变小了，因此，模型拟合良好。

2.4.5 单因素试验设计的样本大小

事实上我们选择的设计方案都只有5个样本，这些样本是否能够有足够的说服力，说明我们刚才的设计方案是否是可信的，我们可以用MINITAB进行检验。

1. 试验设计方案是否可信

试验设计方案是5个样本，假设标准差是1，最大平均差值是2，我们试验的检出能力只有0.6，如图2-8所示。

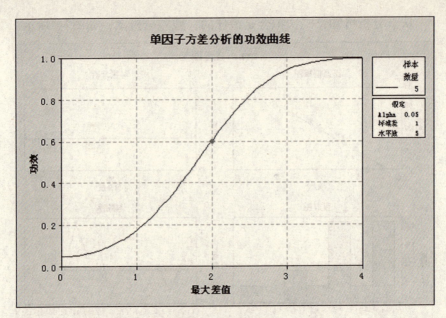

图2-8 功效曲线

2. 应该取多少样本比较可信

如果我们要求检出能力0.8，0.9，那么要多少样本呢？

功效和样本数量

单因子方差分析

Alpha = 0.05　假定标准差 = 1　水平数 = 5

SS 平均值	样本数量	目标功效	实际功效	最大差值
2	7	0.8	0.801136	2
2	9	0.9	0.911568	2

样本数量是指每个水平的。|

功效曲线图，如图2-9所示。

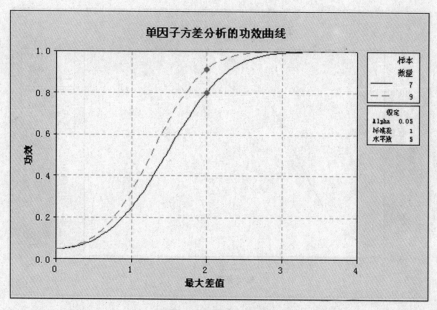

图2-9 功效曲线

3. 确定单试验设计的样本量

我们从上面的分析可知，如果要达到0.9以上的检出力，至少要做一次重复试验，至少要10个样本，才可以达到试验设计要求。

功效和样本数量

单因子方差分析

Alpha = 0.05 假定标准差 = 1 水平数 = 5

SS 平 均值	样本 数量	功效	最大 差值
2	10	0.943019	2

样本数量是指每个水平的。

功效曲线图，如图2-10所示。

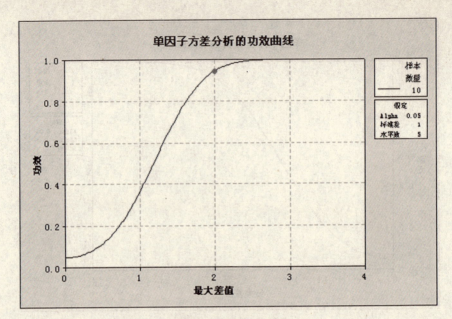

图2-10 功效曲线

第三章

多因素全析因试验设计和分析

本章将介绍以下内容

● 筛选试验设计

● 2^K 全因子试验设计

● 3^K 全因子试验设计

● 一般全因子试验设计

3.1　筛选试验设计

　　筛选试验设计又叫Plackett–Burman试验设计，它可以筛选2–47个因子。在许多开发过程和制造应用中，有大量的潜在输入变量（因子）。可通过筛选（过程特征化）减少输入变量的数目，方法是识别出会影响产品质量的关键输入变量或过程条件。通过这种减少，您可以集中精力针对少数确实重要的变量或"少数严重"问题进行过程改进。筛选还可以为这些因子建议"最佳"或"最优"设置，并指示响应中是否存在弯曲。随后，便可以执行优化试验来确定最佳设置并定义弯曲性质。

　　在工业中，二水平全因子设计和分部因子设计以及Plackett–Burman设计常用于"筛选"影响过程输出测量或产品质量的确实重要的因子。这些设计对于拟合一阶模型（检测线性效应）非常有用，而且可以在设计包含中心点时提供是否存在二阶效应（弯曲）的信息。

　　此外，一般全因子设计（含有两个以上水平的设计）也可以用在小型筛选试验中。

3.1.1　Plackett–Burman筛选试验案例

　　某企业开发了一个新产品，有20个因子影响该产品的强度特性，我们要进行筛选试验设计，找到一些关键的影响因素作为我们突破改善的重点，在贝思德国际管理顾问的辅导下，我们进行了12次试验，试验结果如下表3–1所示。

| C5 | C6 | C7 | C8 | C9 | C10 | C11 | C12 | C13 | C14 | C15 |
A	B	C	D	E	F	G	H	J	K	强度
-1	1	-1	-1	-1	1	1	1	-1	1	212.0
1	1	-1	1	-1	-1	-1	1	1	1	218.0
-1	1	1	1	-1	1	1	-1	1	-1	214.5
-1	-1	-1	-1	-1	-1	1	-1	-1	-1	213.5
-1	-1	-1	-1	1	-1	-1	1	1	-1	211.5
1	1	1	-1	1	1	-1	-1	-1	-1	221.5
-1	1	1	1	-1	-1	1	1	1	1	211.3
-1	-1	1	1	1	1	-1	1	1	1	212.0
1	-1	1	-1	-1	-1	1	1	1	-1	218.0
1	-1	-1	-1	1	1	1	-1	1	1	219.0
1	-1	1	1	-1	1	-1	-1	1	1	220.0
1	1	-1	1	1	-1	1	-1	-1	-1	224.0

表3—1 筛选试验设计表

3.1.2 筛选试验设计分析

1. 主效应图

如图3-1所示。

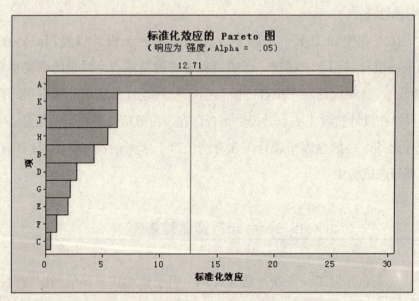

图3-1 主效应图

2. 进行筛选试验设计分析

拟合因子：强度 与 A, B, C, D, E, F, G, H, J, K

强度 的效应和系数的估计（已编码单位）

项	效应	系数	系数标准误	T	P
常量		216.275	0.1417	1526.65	0.000
A	7.617	3.808	0.1417	26.88	0.024
B	1.217	0.608	0.1417	4.29	0.146
C	-0.117	-0.058	0.1417	-0.41	0.751
D	0.783	0.392	0.1417	2.76	0.221
E	0.550	0.275	0.1417	1.94	0.303
F	0.283	0.142	0.1417	1.00	0.500
G	0.617	0.308	0.1417	2.18	0.274
H	-1.550	-0.775	0.1417	-5.47	0.115
J	-1.783	-0.892	0.1417	-6.29	0.100
K	-1.783	-0.892	0.1417	-6.29	0.100

S = 0.490748   PRESS = 34.68
R-Sq = 99.88%   R-Sq（预测）= 83.42%   R-Sq（调整）= 98.73%

对于 强度 方差分析（已编码单位）

来源	自由度	Seq SS	Adj SS	Adj MS	F	P
主效应	10	208.942	208.942	20.8942	86.76	0.083
残差误差	1	0.241	0.241	0.2408		
合计	11	209.182				

从分析结果可知：A因子影响最大，P值小于0.05，K、J、H、B因子的影响次之，我们可以筛选这5个因子作为我们重点研究和分析的对象，去改善设计方案。

3.1.3 筛选试验样本大小

1. 筛选试验设计的重复两次可信度分析

功效和样本数量

Plackett-Burman 设计

Alpha = 0.05   假定标准差 = 1

因子：   10   设计：12
中心点（合计）：0

中心点	效应	仿行数	总试验数	功效
0	2	2	24	0.994108

Plackett-Burman设计的功效曲线

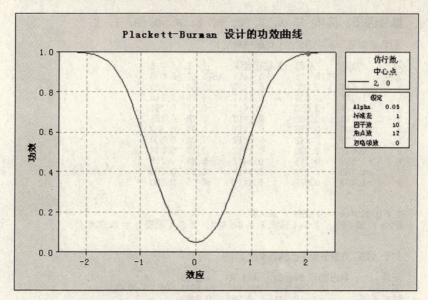

图3-2 Plackett-Burman设计的功效曲线

2. 筛选试验设计的样本大小

因此，筛选试验设计的样本大小，至少重复两次试验，方可以满足0.9以上的检出力。

3.2 2^K全因子试验设计

3.2.1 2^K全因子试验设计

1. 2^4试验设计案例

某化工企业产品的强度是由A、B、C、D四个因子影响的，每个因子由两个水平高（+1）、低（-1）决定的，下面是一个2^4试验表，通过试验得到的结果，如下表3-2所示。

标准序	运行序	中心点	区组	A	B	C	D	强度
1	1	1	1	-1	-1	-1	-1	45
2	2	1	1	1	-1	-1	-1	71
3	3	1	1	-1	1	-1	-1	48
4	4	1	1	1	1	-1	-1	65
5	5	1	1	-1	-1	1	-1	68
6	6	1	1	1	-1	1	-1	60
7	7	1	1	-1	1	1	-1	80
8	8	1	1	1	1	1	-1	65
9	9	1	1	-1	-1	-1	1	43
10	10	1	1	1	-1	-1	1	100
11	11	1	1	-1	1	-1	1	45
12	12	1	1	1	1	-1	1	104
13	13	1	1	-1	-1	1	1	75
14	14	1	1	1	-1	1	1	86
15	15	1	1	-1	1	1	1	70
16	16	1	1	1	1	1	1	96

表3-2 2^4试验结果表

2. 2^4试验设计分析

（1）因子图分析

因子主效应分析，如图3-3所示。

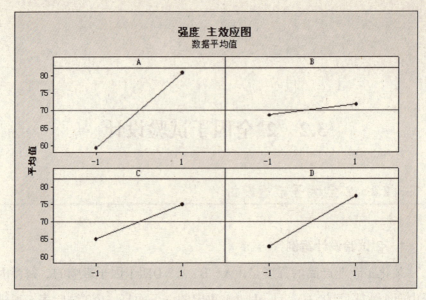

图3-3 主效应图

从主效应图可以看到A因子的影响最大，D、C影响次之，B因子影响最小。

因子主效应分析，如图3-4所示。

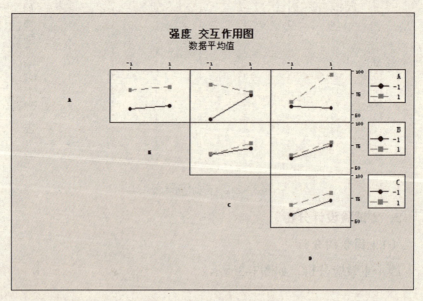

图3-4 因子交互效应图

（2）因子方差分析

拟合因子：强度 与 A，B，C，D

强度 的效应和系数的估计（已编码单位）

项	效应	系数	系数标准误	T	P
常量		70.063	1.264	55.43	0.000
A	21.625	10.812	1.264	8.55	0.000
B	3.125	1.562	1.264	1.24	0.271
C	9.875	4.937	1.264	3.91	0.011
D	14.625	7.312	1.264	5.79	0.002
A*B	0.125	0.062	1.264	0.05	0.962
A*C	-18.125	-9.063	1.264	-7.17	0.001
A*D	16.625	8.313	1.264	6.58	0.001
B*C	2.375	1.188	1.264	0.94	0.391
B*D	-0.375	-0.187	1.264	-0.15	0.888
C*D	-1.125	-0.563	1.264	-0.45	0.675

S = 5.05594　　PRESS = 1308.8
R-Sq = 97.77%　　R-Sq（预测）= 77.16%　　R-Sq（调整）= 93.31%

对于 强度 方差分析（已编码单位）

来源	自由度	Seq SS	Adj SS	Adj MS	F	P
主效应	4	3155.2	3155.2	788.81	30.86	0.001
2因子交互作用	6	2447.9	2447.9	407.98	15.96	0.004
残差误差	5	127.8	127.8	25.56		
合计	15	5730.9				

强度 的异常观测值

观测值	标准序	强度	拟合值	拟合值标准误	残差	标准化残差
13	13	75.000	69.188	4.192	5.813	2.06R

R 表示此观测值含有大的标准化残差

从方差分析可知：A、C、D、AC、AD影响比较明显，同时从效应排列图也可以看出显著影响因素，如图3-5所示。

我们可以进一步分析残差图的情况，如图3-6所示。

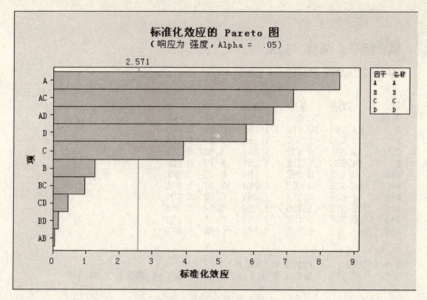

图3-5 效应排列图

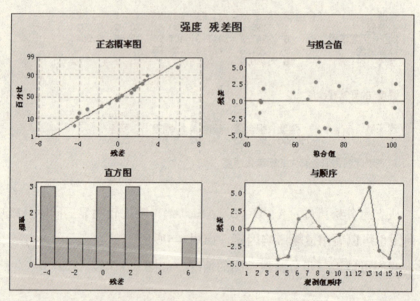

图3-6 残差图

（3）因子删减模型分析

将P>0.05的因素删减，我们可以得到更加优化的模型。

拟合因子：强度 与 A，B，C，D

强度的效应和系数的估计（已编码单位）

项	效应	系数	系数标准误	T	P
常量		70.063	1.041	67.30	0.000
A	21.625	10.812	1.041	10.39	0.000
B	3.125	1.562	1.041	1.50	0.168
C	9.875	4.937	1.041	4.74	0.001
D	14.625	7.312	1.041	7.02	0.000
A*C	-18.125	-9.062	1.041	-8.71	0.000
A*D	16.625	8.313	1.041	7.98	0.000

S = 4.16417　　PRESS = 493.235
R-Sq = 97.28%　　R-Sq（预测） = 91.39%　　R-Sq（调整） = 95.46%

对于 强度 方差分析（已编码单位）

来源	自由度	Seq SS	Adj SS	Adj MS	F	P
主效应	4	3155.2	3155.2	788.81	45.49	0.000
2因子交互作用	2	2419.6	2419.6	1209.81	69.77	0.000
残差误差	9	156.1	156.1	17.34		
合计	15	5730.9				

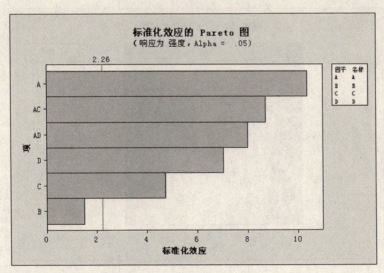

图3-7 删减后的效应图

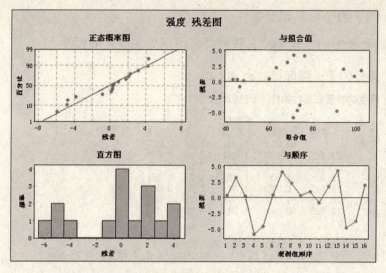

图3-8 删减后的残差图

3. 2^4试验设计等值线和曲面图

强度与A、B因子的等值线图，如果强度越大越好，A因子要取高水平，B因子也要取高水平，如图3-9所示。

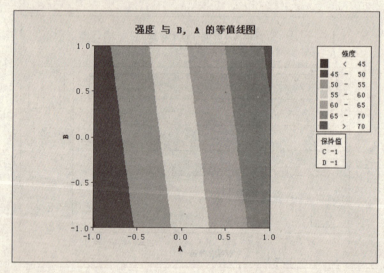

图3-9 强度与A、B因子等值线图

强度与A、B因子的曲面图，如果强度越大越好，A因子要取高水平，B因子也要取高水平，如图3-10所示。

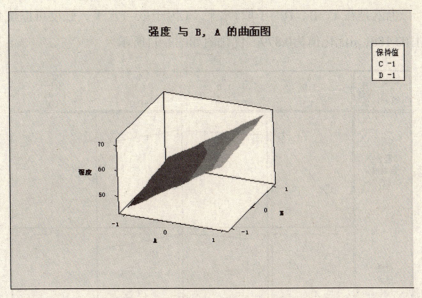

图3-10 强度与A、B因子曲面图

4. 2^4优化试验设计

我们对该试验进行优化试验设计，强度越大越好，我们可以进行D优化试验设计。

响应优化

参数

	目标	下限	望目	上限	权重	重要性
强度	望大	45	110	110	1	1

全局解

```
A  =   1
B  =   1
C  =  -1
D  =   1
```

预测的响应

强度 = 102.188 , 合意性 = 0.879808

复合合意性 = 0.879808

也就是在A、B、D因子取1水平、C因子取–1水平，强度可以优化到102.188，d优化值为0.879。优化图如图3–11所示。

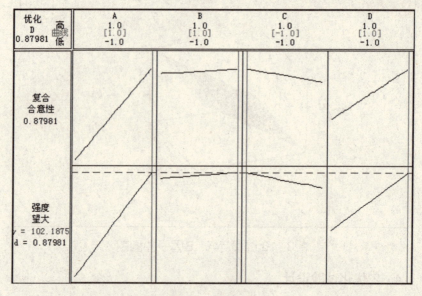

图3–11 优化图

5. 2^4试验设计样本大小

功效和样本数量

2 水平的因子设计

Alpha = 0.05 假定标准差 = 20

因子: 4 基设计: 4, 16
区组: 无

中心点	效应	仿行数	总试验数	目标功效	实际功效
0	40	2	32	0.9	0.999571

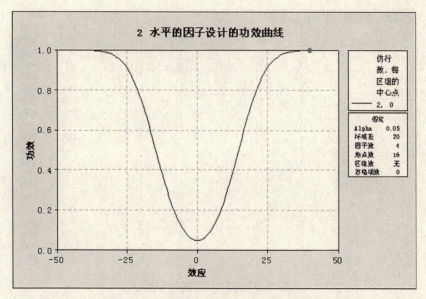

图3–12 两水平的因子设计的功效曲线

验证2^4至少要进行一次重复试验设计，方可以达到0.9以上的检出力。

3.2.2　2^K全因子加中心点试验设计

1.　加中心点试验设计案例

某科研院所研究的高分子聚合体分子量和黏度与温度（A）、催化剂浓度（B）、时间（C）、压力（D）有关，进行了一个2水平四因子加4个中心点共20次的试验，试验设计如下表3–3所示。

2.　加中心点试验设计分析

（1）分子量因子图分析

◎分子量主效应图，如图3–13所示。

标准序	运行序	中心点	区组	A	B	C	D	分子量	粘度
1	1	1	1	-1	-1	-1	-1	2400	1400
2	2	1	1	1	-1	-1	-1	2410	1500
3	3	1	1	-1	1	-1	-1	2315	1520
4	4	1	1	1	1	-1	-1	2510	1630
5	5	1	1	-1	-1	1	-1	2615	1380
6	6	1	1	1	-1	1	-1	2625	1525
7	7	1	1	-1	1	1	-1	2400	1500
8	8	1	1	1	1	1	-1	2750	1620
9	9	1	1	-1	-1	-1	1	2400	1400
10	10	1	1	1	-1	-1	1	2390	1525
11	11	1	1	-1	1	-1	1	2300	1500
12	12	1	1	1	1	-1	1	2520	1500
13	13	1	1	-1	-1	1	1	2625	1420
14	14	1	1	1	-1	1	1	2630	1490
15	15	1	1	-1	1	1	1	2500	1500
16	16	1	1	1	1	1	1	2710	1600
17	17	0	1	0	0	0	0	2515	1500
18	18	0	1	0	0	0	0	2500	1400
19	19	0	1	0	0	0	0	2400	1525
20	20	0	1	0	0	0	0	2475	1500

表3-3 2^4加中心点试验结果表

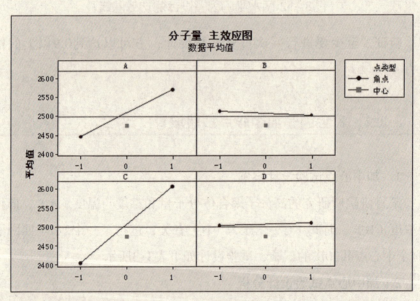

图3-13 分子量主效应图

◎分子量交互效应图，如图3-14所示。

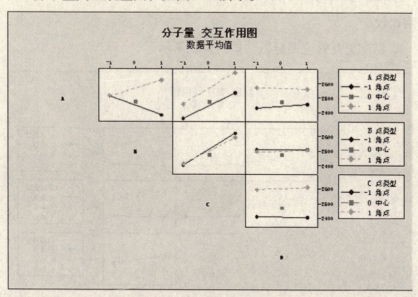

图3-14 分子量交互作用图

从分子量交互作用图可以看出，AB、BC、AD有交互作用，其他交互作用不太明显。

（2）黏度因子图分析

◎黏度主效应图，如图3-15所示。

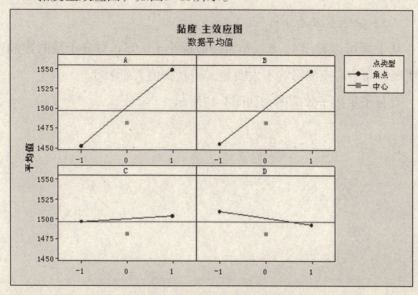

图3-15 黏度主效应图

从黏度主效应图可以看出，A、B因子的影响比较大，D、C因子的影响比较小。

◎黏度交互效应图分析，如图3-16所示。

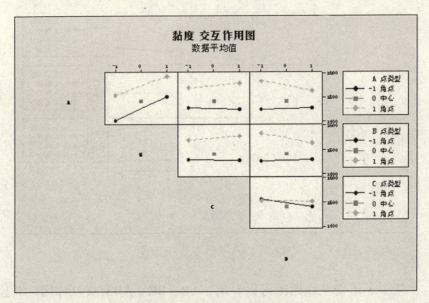

图3-16 黏度交互效应图

从黏度交互效应图可以看出，CD、BC、AD有交互作用，其他都不太明显。

（3）分子量方差分析

从上面可以看出A、C、AC的P值都小于0.05，对分子量的影响比较明显，而中心点的影响不太明显，ctpt的P值大于0.05。

◎分子量因子效应图，如图3-17所示。

拟合因子：分子量 与 A, B, C, D

分子量的效应和系数的估计（已编码单位）

项	效应	系数	系数标准误	T	P
常量		2506.25	10.03	249.89	0.000
A	123.75	61.87	10.03	6.17	0.000
B	-11.25	-5.62	10.03	-0.56	0.590
C	201.25	100.62	10.03	10.03	0.000
D	6.25	3.12	10.03	0.31	0.763
A*B	120.00	60.00	10.03	5.98	0.000
A*C	20.00	10.00	10.03	1.00	0.348
A*D	-17.50	-8.75	10.03	-0.87	0.408
B*C	-22.50	-11.25	10.03	-1.12	0.295
B*D	7.50	3.75	10.03	0.37	0.718
C*D	12.50	6.25	10.03	0.62	0.551
Ct Pt		-33.75	22.43	-1.50	0.171

S = 40.1170　　PRESS = 65799.1
R-Sq = 95.76%　　R-Sq（预测）= 78.34%　　R-Sq（调整）= 89.93%

对于分子量方差分析（已编码单位）

来源	自由度	Seq SS	Adj SS	Adj MS	F	P
主效应	4	223925	223925	55981	34.78	0.000
2因子交互作用	6	63300	63300	10550	6.56	0.009
弯曲	1	3645	3645	3645	2.26	0.171
残差误差	8	12875	12875	1609		
失拟	5	5050	5050	1010	0.39	0.834
纯误差	3	7825	7825	2608		
合计	19	303745				

分子量的异常观测值

观测值	标准序	分子量	拟合值	拟合值标准误	残差	标准化残差

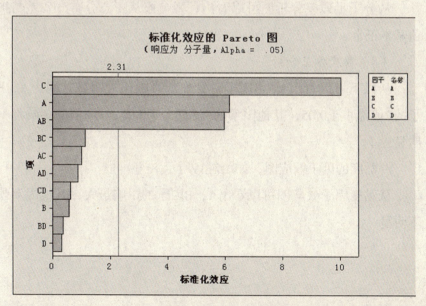

图3-17 分子量因子效应图

从分子量因子效应图，也可以看出，C、A、AB的影响因素比较大。

◎分子量残差分析图，如图3-18所示。

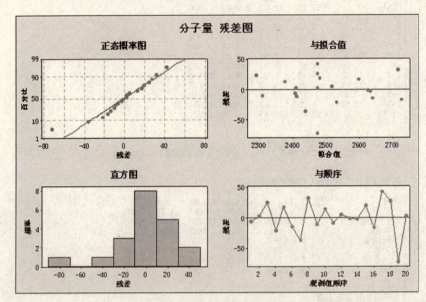

图3-18 分子量残差分析图

从分子量残差分析图可以看出，残差服从正态分布，残差与拟合值基本正常。

（4）黏度方差分析

从以下可以看出A、B因子对黏度的影响比较明显，因为A、B因子的P值都小于0.05，其他因素的P值都大于0.05，对P值的影响都不太明显。

◎黏度的因子效应图，如图3-19所示。

从黏度因子效应图可以看出A、B因子的影响最大，其他因素影响不明显。

拟合因子: 黏度 与 A, B, C, D

黏度的效应和系数的估计(已编码单位)

项	效应	系数	系数标准误	T	P
常量		1500.63	10.53	142.54	0.000
A	96.25	48.12	10.53	4.57	0.002
B	91.25	45.62	10.53	4.33	0.002
C	7.50	3.75	10.53	0.36	0.731
D	-17.50	-8.75	10.53	-0.83	0.430
A*B	-13.75	-6.88	10.53	-0.65	0.532
A*C	12.50	6.25	10.53	0.59	0.569
A*D	-22.50	-11.25	10.53	-1.07	0.316
B*C	10.00	5.00	10.53	0.47	0.648
B*D	-25.00	-12.50	10.53	-1.19	0.269
C*D	13.75	6.88	10.53	0.65	0.532
Ct Pt		-19.37	23.54	-0.82	0.434

S = 42.1122   PRESS = 63077.3
R-Sq = 84.95%   R-Sq(预测) = 33.08%   R-Sq(调整) = 64.25%

对于黏度方差分析(已编码单位)

来源	自由度	Seq SS	Adj SS	Adj MS	F	P
主效应	4	71812	71812	17953.1	10.12	0.003
2因子交互作用	6	7062	7062	1177.1	0.66	0.682
弯曲	1	1201	1201	1201.2	0.68	0.434
残差误差	8	14188	14188	1773.4		
失拟	5	4969	4969	993.8	0.32	0.872
纯误差	3	9219	9219	3072.9		
合计	19	94264				

黏度的异常观测值

观测值	标准序	黏度	拟合值	拟合值标准误	残差	标准化残差
18	18	1400.00	1481.25	21.06	-81.25	-2.23R

R 表示此观测值含有大的标准化残差

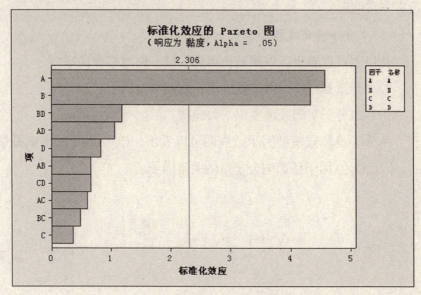

图3-19 黏度因子效应图

◎黏度残差分析，如图3-20所示。

图3-20黏度残差分析

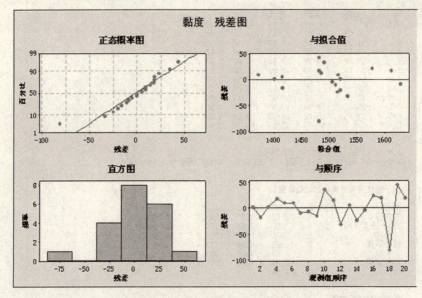

图3-20 黏度残差分析图

从黏度残差分析图可以知道，残差服从正态分布，残差与拟合值没有异常情形。

（5）分子量删减模型分析

从以上可以看出，该删减模型无失拟，模型拟合良好。

◎分子量删减模型因子效应图，如图3-21所示。

图3-21分子量删减模型因子效应图

从分子量删减模型因子效应图可以看出，C、A因子的影响是最大的，因此C、A因子是影响分子量的关键因子。

拟合因子：分子量 与 A，B，C，D

分子量的效应和系数的估计（已编码单位）

项	效应	系数	系数标准误	T	P
常量		2506.25	18.44	135.91	0.000
A	123.75	61.87	18.44	3.36	0.005
B	-11.25	-5.63	18.44	-0.31	0.765
C	201.25	100.62	18.44	5.46	0.000
D	6.25	3.12	18.44	0.17	0.868
Ct Pt		-33.75	41.24	-0.82	0.427

S = 73.7636   PRESS = 158695
R-Sq = 74.92%   R-Sq（预测）= 47.75%   R-Sq（调整）= 65.96%

对于分子量方差分析（已编码单位）

来源	自由度	Seq SS	Adj SS	Adj MS	F	P
主效应	4	223925	223925	55981	10.29	0.000
弯曲	1	3645	3645	3645	0.67	0.427
残差误差	14	76175	76175	5441		
失拟	11	68350	68350	6214	2.38	0.258
纯误差	3	7825	7825	2608		
合计	19	303745				

分子量的异常观测值

观测值	标准序	分子量	拟合值	拟合值标准误	残差	标准化残差
7	7	2400.00	2536.25	41.24	-136.25	-2.23R

R 表示此观测值含有大的标准化残差

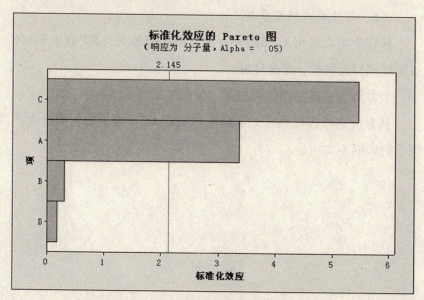

图3-21 分子量删减模型因子效应图

◎分子量删减模型残差分析，如图3-22所示。

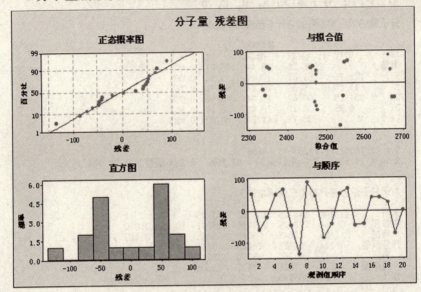

图3-22 分子量删减模型残差分析

从分子量删减模型残差分析可以看出，残差服从正态分布，残差与拟合值没有异常情形。

（6）黏度删减模型分析

从以上可以看出A、B因子对黏度的影响最大，其P值小于0.05，而且删减模型无失拟，拟合良好。

◎黏度删减模型因子效应图，如图3-23所示。

从黏度删减模型因子效应图可以看出A、B因子的影响最大，其他因子的影响不太明显。

拟合因子：黏度 与 A，B，C，D

黏度的效应和系数的估计（已编码单位）

项	效应	系数	系数标准误	T	P
常量		1500.63	9.740	154.07	0.000
A	96.25	48.12	9.740	4.94	0.000
B	91.25	45.62	9.740	4.68	0.000
C	7.50	3.75	9.740	0.39	0.706
D	-17.50	-8.75	9.740	-0.90	0.384
Ct Pt		-19.37	21.779	-0.89	0.389

S = 38.9597　　PRESS = 37651.9
R-Sq = 77.46%　　R-Sq（预测）= 60.06%　　R-Sq（调整）= 69.41%

对于黏度方差分析（已编码单位）

来源	自由度	Seq SS	Adj SS	Adj MS	F	P
主效应	4	71812	71812	17953	11.83	0.000
弯曲	1	1201	1201	1201	0.79	0.389
残差误差	14	21250	21250	1518		
失拟	11	12031	12031	1094	0.36	0.911
纯误差	3	9219	9219	3073		
合计	19	94264				

黏度的异常观测值

观测值	标准序	黏度	拟合值	拟合值标准误	残差	标准化残差
12	12	1500.00	1581.88	21.78	-81.88	-2.53R
18	18	1400.00	1481.25	19.48	-81.25	-2.41R

R 表示此观测值含有大的标准化残差

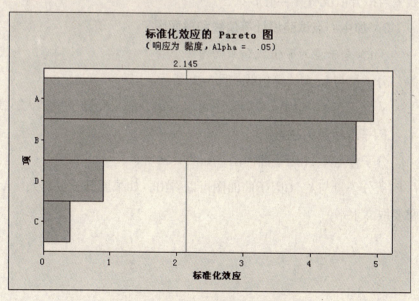

图3-23 黏度删减模型因子效应图

◎黏度删减模型残差图，如图3-24所示。

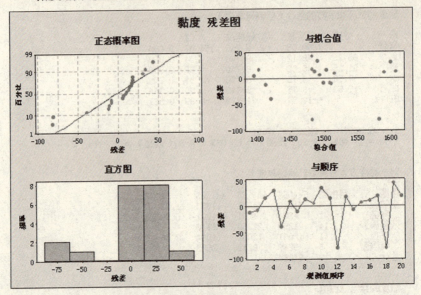

图3-24 黏度删减模型残差图

从黏度删减模型残差分析图可以知道，残差基本服从正态分布，残差与拟合值没有异常情形。

3. 加中心点试验设计等值线和曲面图

（1）分子量的等值线和曲面图

分子量与A、C的等值线如图3-25所示。

从分子与A、C因子等值线图可以看出，如果要分子量越大，需要A、C因子取值越大越好。

分子量与A、C因子曲面图，如图3-26所示。

从分子量与A、C因子曲面图可以看出，如果要分子量越大，A、C都要取高水平。

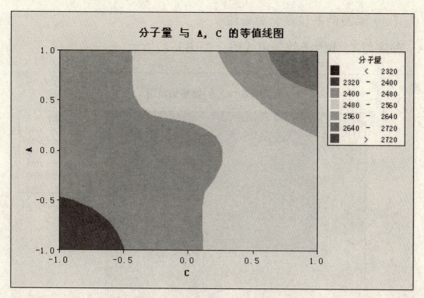

图3-25 分子量与A、C等值线图

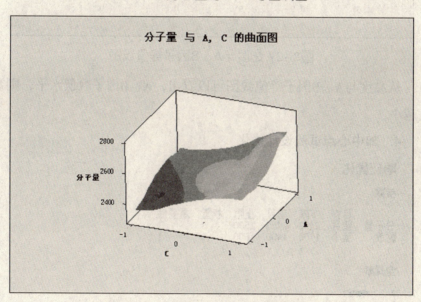

图3-26 分子量与A、C因子曲面图

（2）黏度的等值线和曲面图

黏度与A、B因子的等值线图，如图3-27所示。

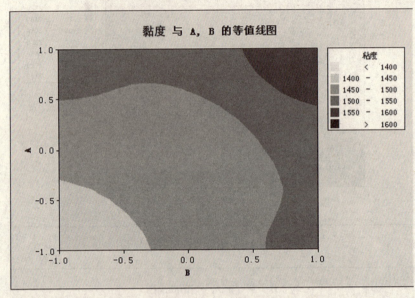

图3-27 黏度与A、B因子等值线图

从黏度与A、B因子等值线图可以看出，A、B因子取低水平，则黏度越小。

4. 加中心点试验设计优化

响应优化

参数

	目标	下限	望目	上限	权重	重要性
分子量	望目	2400	2450	2500	1	1
黏度	望小	1400	1400	1600	1	1

全局解

```
A  =  -1
B  =  -1
C  =   0
D  =   0
```

预测的响应

```
分子量  =  2450.00 ,  合意性  =  1.000000
黏度    =  1406.88 ,  合意性  =  0.965625
```

复合合意性 = 0.982662

　　从上面分析可以知道，A、B因子取低水平，C、D因子取中心点，分子量可以在2400–2500，黏度可以1406.88.D优化图，如图3-28所示。

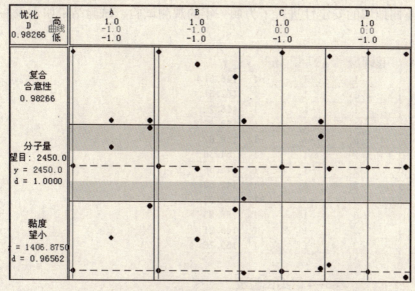

图3-28 优化图

3.2.3　2^k全因子区组化试验设计

　　2^k全因子区组化试验设计，可以减少不可控因素的影响，而且可以减少试验误差。是在类似的条件下进行的一组试验运行。虽然每个测量值都应在一致的试验条件（而不是作为试验的一部分而改变的条件）下采集，但这并非总是可能的。在试验设计和分析中使用区组可以最小化因多余因子产生的偏倚和误差方差。例如，您要检验新印刷机的质量，但是，印刷机的调试要花费数小时，每天只能进行四次。因为试验设计要求至少有八次运行，所以至少需要两天时间来检验印刷机。您应当使用"天"作为区组变量来说明每天的任何条件差异。为区别任何区组效应（每天的偶然差异），还是由试验因子（温度、湿度和印刷机操作员）导致的效应，必须在试验设计中说明区组（天）。您应当在区组内随机化运行顺序。

1. 区组化试验设计案例

某转基因产品性状表现Y与A、B两因子有关，科研人员为了检验Y在不同地域的安定性进行了为期一年的观测试验，试验结果如下表3-4所示。

地域	A	B	Y
1	−1	−1	146.01
1	1	−1	157.31
1	−1	1	148.22
1	1	1	158.37
2	−1	−1	139.02
2	1	−1	154.30
2	−1	1	143.06
2	1	1	142.50
3	−1	−1	144.95
3	1	−1	158.83
3	−1	1	149.21
3	1	1	152.76

表3-4 区组试验表

2. 区组化试验分析

拟合因子：Y 与区组 ，A，B

Y 的效应和系数的估计（已编码单位）

项	效应	系数	系数标准误	T	P
常量		149.545	0.8208	182.19	0.000
区组 1		2.932	1.1608	2.53	0.045
区组 2		−4.825	1.1608	−4.16	0.006
A	8.933	4.467	0.8208	5.44	0.002
B	−1.050	−0.525	0.8208	−0.64	0.546
A*B	−4.553	−2.277	0.8208	−2.77	0.032

S = 2.84335   PRESS = 194.032
R-Sq = 90.21%   R-Sq（预测）= 60.82%   R-Sq（调整）= 82.04%

对于 Y 方差分析（已编码单位）

来源	自由度	Seq SS	Adj SS	Adj MS	F	P
区组	2	141.85	141.85	70.923	8.77	0.017
主效应	2	242.72	242.72	121.360	15.01	0.005
2因子交互作用	1	62.20	62.20	62.199	7.69	0.032
残差误差	6	48.51	48.51	8.085		
合计	11	495.27				

Y 的异常观测值

观测值	标准序	Y	拟合值	拟合值标准误	残差	标准化残差
4	4	158.370	154.142	2.011	4.228	2.10R

R 表示此观测值含有大的标准化残差

效应 Pareto   Y

别名结构
I
区组 =
A
B
A*B

从上面分析可以看出区组1和区组2的P值都小于0.05，是影响试验结果的重要因子。

因子的影响可以从因子效应图3-29中进行分析。

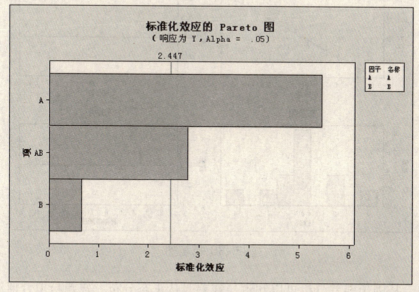

图3-29 因子效应图

从因子效应图可以看出A、AB的影响对试验结果Y的影响最大。

3. 区组化试验模型分析

22区组化拟合模型：

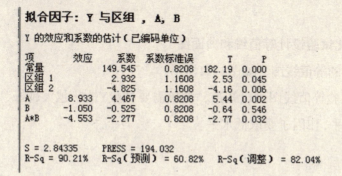

从上面拟合模型可以看出区组1和区组2及A、AB因素对试验结果的影响最大。

残差分析图，如图3-30所示。

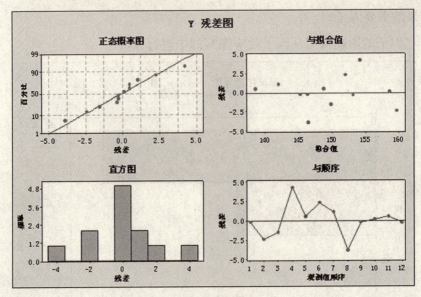

图3-30 残差图

从因子残差分析可以知道，残差服从正态分布，残差与拟合值没有异常情形，因此该模型是拟合良好的。

4. 区组化试验设计删减模型

从因子效应图可知A、AB都是主要影响因素，虽然B因子不太明显，但B因子是试验的主要影响因素，因此在此模型中不可以做删减模型。

5. 区组化试验设计等值线和曲面图

区组试验的等值线图，如图3-31所示。

从区组试验等值线图可以知道，如果需要试验Y性状越大越好，A因子要取高水平，B因子要取低水平。

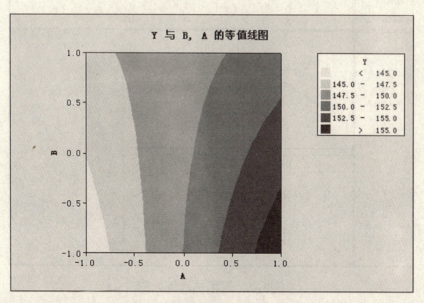

图3-31 区组试验等值线图

6. 区组化试验设计优化设计

区组试验D优化结果：

响应优化

参数

	目标	下限	望目	上限	权重	重要性
Y	望大	140	160	160	1	1

全局解

A = 1
B = -1

预测的响应

Y = 156.813 , 合意性 = 0.840667

复合合意性 = 0.840667

从上面分析可知，A取高水平，B取低水平，Y性状可以优化到156.813。优化图如图3-32所示。

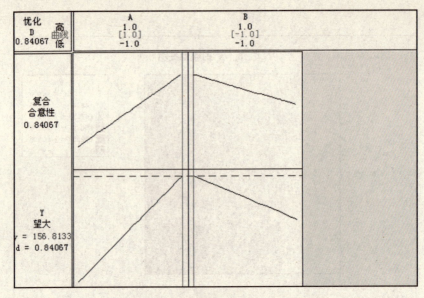

图3-32 区组试验优化图

3.2.4　2^{K}混区试验设计案例

　　某企业开发了一款新产品，新产品的Y特性与A、B、C三个2水平有关，越大越好，用到试验物料每次只能提供4个，需要进行多批次试验，因此是一个3因子2水平的混区试验设计，试验结果，如下表3-5所示。

标准序	运行序	中心点	区组	A	B	C	Y
1	1	1	1	−1	−1	−1	22
2	2	1	1	1	−1	−1	32
3	3	1	1	−1	1	−1	35
4	4	1	1	1	1	−1	55
5	5	1	1	−1	−1	1	44
6	6	1	1	1	−1	1	40
7	7	1	1	−1	1	1	60
8	8	1	1	1	1	1	39
9	9	1	2	−1	−1	−1	31
10	10	1	2	1	−1	−1	43
11	11	1	2	−1	1	−1	34
12	12	1	2	1	1	−1	47

标准序	运行序	中心点	区组	A	B	C	Y
13	13	1	2	−1	−1	1	45
14	14	1	2	1	−1	1	37
15	15	1	2	−1	1	1	50
16	16	1	2	1	1	1	41
17	17	1	3	−1	−1	−1	25
18	18	1	3	1	−1	−1	29
19	19	1	3	−1	1	−1	50
20	20	1	3	1	1	−1	46
21	21	1	3	−1	−1	1	38
22	22	1	3	1	−1	1	36
23	23	1	3	−1	1	1	54
24	24	1	3	1	1	1	47

表3-5 2^K混区试验设计

1. 2^K3因子混区设计

全因子设计

因子: 3 基设计: 3, 8
试验次数: 24 仿行: 3
区组: 3 中心点（合计）: 0

区组生成元：仿行

所有项均不混杂。

2. 试验结果模型分析

拟合因子：Y 与区组 ，A，B，C

Y 的效应和系数的估计（已编码单位）

```
                        系数标
项量     效应    系数   准误      T      P
常量           40.833  1.198   34.09   0.000
区组 1          0.042  1.694    0.02   0.981
区组 2          0.167  1.694    0.10   0.923
A      0.333   0.167  1.198    0.14   0.891
B     11.333   5.667  1.198    4.73   0.000
C      6.833   3.417  1.198    2.85   0.013
A*B   -1.667  -0.833  1.198   -0.70   0.498
A*C   -8.833  -4.417  1.198   -3.69   0.002
B*C   -2.833  -1.417  1.198   -1.18   0.257
A*B*C -2.167  -1.083  1.198   -0.90   0.381
```

```
S = 5.86809   PRESS = 1416.73
R-Sq = 76.99%   R-Sq（预测）= 32.39%   R-Sq（调整）= 62.20%
```

对于 Y 方差分析（已编码单位）

```
来源        自由度  Seq SS   Adj SS   Adj MS     F      P
区组           2    0.58     0.58    0.292    0.01   0.992
主效应         3  1051.50  1051.50  350.500  10.18   0.001
2因子交互作用  3   533.00   533.00  177.667   5.16   0.013
3因子交互作用  1    28.17    28.17   28.167   0.82   0.381
残差误差      14   482.08   482.08   34.435
合计          23  2095.33
```

从试验结果模型分析来看，区组的影响不是太明显，因子的主效应和交互效应的影响比较明显。

从因子效应图可以进行分析，如图3-33所示。

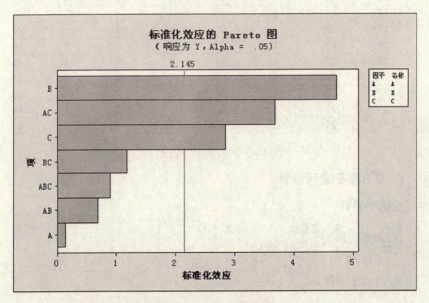

图3-33 因子效应图

从因子效应图分析可知，B、AC、C因素的影响最大，其他因素的影响很小。

3. 因子图分析

因子的主效应分析，如图3-34所示。

从因子主效应图分析，B、C因子的影响比较大，A因子的影响不太明显。

因子的交互效应分析，如图3-35所示。

从因子交互效应图可知，AB、AC影响比较明显，BC不太明显。

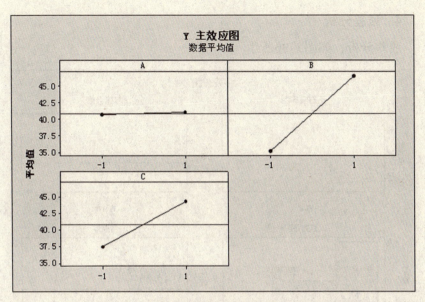

图3-34 主效应图

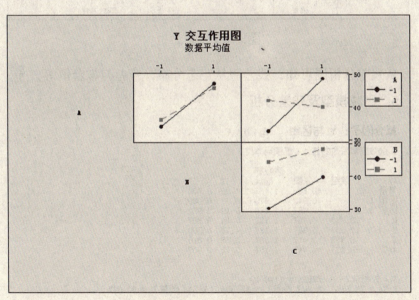

图3-35 因子交互效应

4. 残差分析

残差分析，如图3-36所示。

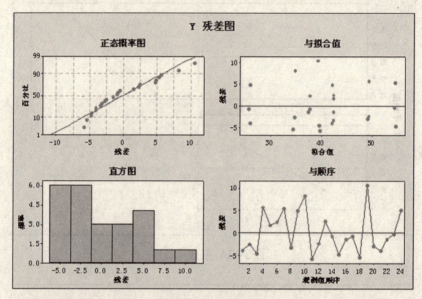

图3-36 残差分析

从残差分析图可知，残差服从正态分布，残差与拟合值等方差。

5. 删减模型及残差分析

拟合因子：Y 与区组 ，A，B，C

Y 的效应和系数的估计（已编码单位）

项	效应	系数	系数标准误	T	P
常量		40.833	1.187	34.39	0.000
区组 1		0.042	1.679	0.02	0.980
区组 2		0.167	1.679	0.10	0.922
A	0.333	0.167	1.187	0.14	0.890
B	11.333	5.667	1.187	4.77	0.000
C	6.833	3.417	1.187	2.88	0.010
A*C	-8.833	-4.417	1.187	-3.72	0.002

S = 5.81622   PRESS = 1146.19
R-Sq = 72.55%   R-Sq（预测） = 45.30%   R-Sq（调整） = 62.87%

对于 Y 方差分析（已编码单位）

来源	自由度	Seq SS	Adj SS	Adj MS	F	P
区组	2	0.58	0.58	0.292	0.01	0.991
主效应	3	1051.50	1051.50	350.500	10.36	0.000
2因子交互作用	1	468.17	468.17	468.167	13.84	0.002
残差误差	17	575.08	575.08	33.828		
合计	23	2095.33				

删减后因子效应图，如图3-37所示。

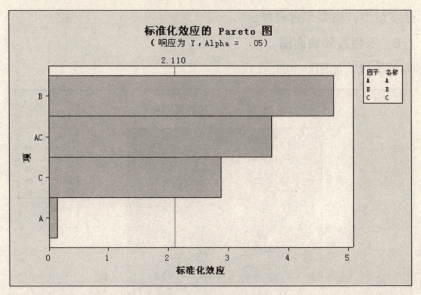

图3-37 因子效应图

删减后残差分析图，如图3-38所示。

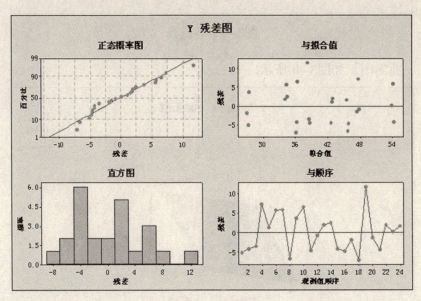

图3-38 残差图

从残差分析图可知，残差服从正态分布，残差与拟合值等方差，无异常情形，模型拟合良好。

6. 等值线和曲面图

等值线，如图3-39所示。

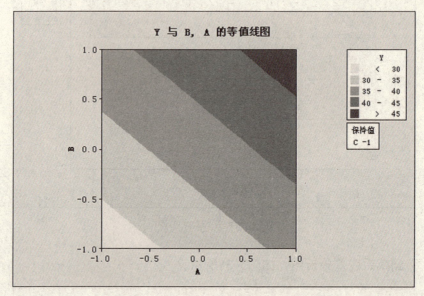

图3-39 等值线

曲面图，如图3-40所示。

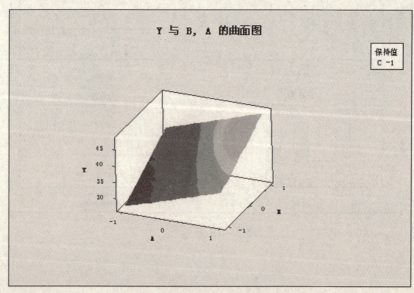

图3-40 曲面图

7. 2^K因子混区设计优化

响应优化

参数

	目标	下限	望目	上限	权重	重要性
Y	望大	30	60	60	1	1

全局解

A = -1
B = 1
C = 1

预测的响应

Y = 54.1667 , 合意性 = 0.805556

复合合意性 = 0.805556

从上面分析可知，A取低水平，B取高水平，C取高水平，Y特性可以优化到54.167。

优化图，如图3-41所示。

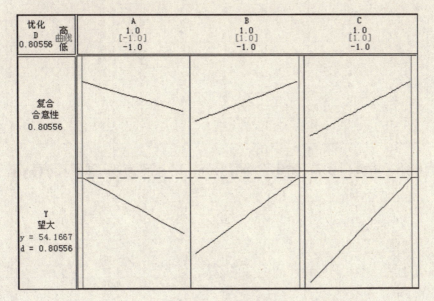

图3-41 优化图

3.3 3^K全因子试验设计

3.3.1 3^K全因子试验设计案例

　　某生产蓄电池的企业为了研发高功率电池，功率Power与阳极板栅（A）、阴极板栅（B）、电解液配比（C）有关，都是三个水平，研发人员为了找到最优设计方案，进行了一个3^K全因子试验设计，试验结果如下表3-6所示。

标准序	运行序	PtType	区组	A	B	C	Power	区组_1	PtType_1
4	1	1	1	1	2	1	4.30	1	1
5	2	1	1	1	2	2	4.10	1	1
7	3	1	1	1	3	1	4.20	1	1
8	4	1	1	1	3	2	4.15	1	1
23	5	1	1	3	2	2	4.80	1	1
24	6	1	1	3	2	3	4.90	1	1
25	7	1	1	3	3	1	5.00	1	1
6	8	1	1	1	2	3	4.45	1	1
9	9	1	1	1	3	3	4.25	1	1
12	10	1	1	2	1	3	4.40	1	1
13	11	1	1	2	2	1	4.50	1	1
17	12	1	1	2	3	2	4.45	1	1
15	13	1	1	2	2	3	4.50	1	1
14	14	1	1	2	2	2	4.60	1	1

标准序	运行序	PtType	区组	A	B	C	Power	区组_1	PtType_1
1	15	1	1	1	1	1	4.60	1	1
27	16	1	1	3	3	3	4.70	1	1
19	17	1	1	3	1	1	4.80	1	1
10	18	1	1	2	1	1	4.55	1	1
26	19	1	1	3	3	2	4.65	1	1
11	20	1	1	2	1	2	4.65	1	1
20	21	1	1	3	1	2	4.95	1	1
3	22	1	1	1	1	3	4.25	1	1
16	23	1	1	2	3	1	4.70	1	1
18	24	1	1	2	3	3	4.75	1	1
21	25	1	1	3	1	3	4.20	1	1
2	26	1	1	1	1	2	4.35	1	1
22	27	1	1	3	2	1	4.95	1	1

表3-6 3^K全因子试验设计

3.3.2　3^{K}全因子试验设计分析

一般线性模型：Power 与 A，B，C

因子	类型	水平数	值
A	固定	3	1，2，3
B	固定	3	1，2，3
C	固定	3	1，2，3

Power 的方差分析，在检验中使用调整的 SS

来源	自由度	Seq SS	Adj SS	Adj MS	F	P
A	2	1.74389	1.74389	0.87194	60.08	0.000
B	2	0.01500	0.01500	0.00750	0.52	0.615
C	2	0.02389	0.02389	0.01194	0.82	0.473
A*B	4	0.06111	0.06111	0.01528	1.05	0.438
A*C	4	0.00889	0.00889	0.00222	0.15	0.956
B*C	4	0.07778	0.07778	0.01944	1.34	0.335
误差	8	0.11611	0.11611	0.01451		
合计	26	2.04667				

S = 0.120474　R-Sq = 94.33%　R-Sq（调整）= 81.56%

残差图，如图3-42所示。

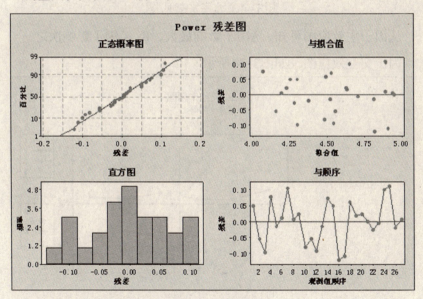

图3-42 残差图

3.3.3　3^k全因子试验设计因子图分析

因子主效应图，如图3-43所示。

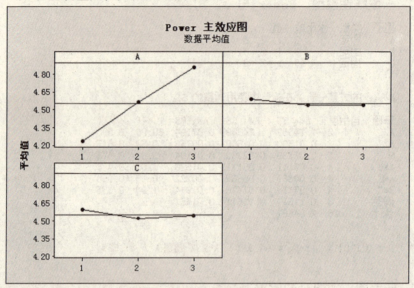

图3-43 因子主效应图

从因子主效应图可知，A因子影响最大，B、C因子影响次之。

因子交互效应图，如图3-44所示。

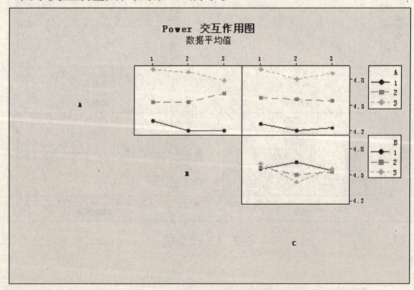

图3-44 因子交互效应图

从因子交互效应图可知，AB、AC交互作用较小，BC交互作用影响比较大。

3.3.4 3^{K}全因子试验设计优化

3^{K}全因子试验设计优化要在响应曲面进行优化，优化后的模型如下：

响应曲面回归：Power 与 A，B，C

分析是使用已编码单位进行的。

Power 的估计回归系数

项	系数	系数标准误	T	P
常量	4.56667	0.08598	53.114	0.000
A	0.23889	0.03980	6.002	0.000
B	0.00556	0.03980	0.140	0.891
C	-0.06667	0.03980	-1.675	0.112
A*A	-0.03333	0.06894	-0.484	0.635
B*B	-0.03333	0.06894	-0.484	0.635
C*C	0.03333	0.06894	0.484	0.635
A*B	0.08333	0.04875	1.710	0.106
A*C	-0.06667	0.04875	-1.368	0.189
B*C	0.07500	0.04875	1.539	0.142

S = 0.168858   PRESS = 1.31895
R-Sq = 73.32%   R-Sq（预测）= 27.40%   R-Sq（调整）= 59.19%

对于 Power 的方差分析

来源	自由度	Seq SS	Adj SS	Adj MS	F	P
回归	9	1.33194	1.33194	0.147994	5.19	0.002
线性	3	1.10778	1.10778	0.369259	12.95	0.000
平方	3	0.02000	0.02000	0.006667	0.23	0.872
交互作用	3	0.20417	0.20417	0.068056	2.39	0.105
残差误差	17	0.48472	0.48472	0.028513		
合计	26	1.81667				

残差图，如图3-45所示。

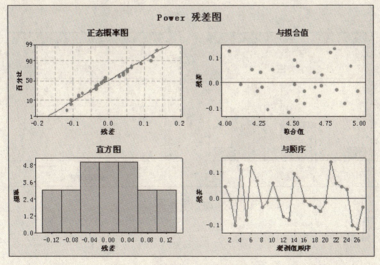

图3-45 残差图

3.3.5　删减模型及残差图

响应曲面回归：Power 与 A，B，C

分析是使用已编码单位进行的。

Power 的估计回归系数

项	系数	系数标准误	T	P
常量	4.54444	0.03379	134.505	0.000
A	0.23889	0.04138	5.773	0.000
B	0.00556	0.04138	0.134	0.894
C	-0.06667	0.04138	-1.611	0.121

S = 0.175560　PRESS = 1.03708
R-Sq = 60.98%　R-Sq（预测）= 42.91%　R-Sq（调整）= 55.89%

对于 Power 的方差分析

来源	自由度	Seq SS	Adj SS	Adj MS	F	P
回归	3	1.10778	1.10778	0.369259	11.98	0.000
线性	3	1.10778	1.10778	0.369259	11.98	0.000
残差误差	23	0.70889	0.70889	0.030821		
合计	26	1.81667				

残差分析图，如图3-46所示。

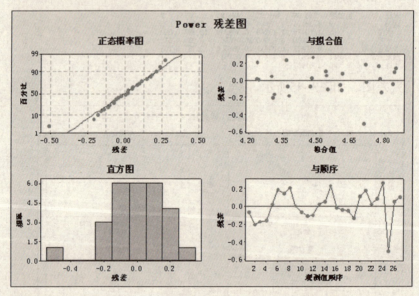

图3-46 残差图

3.3.6 等值线和曲面图

等值线，如图3-47所示。

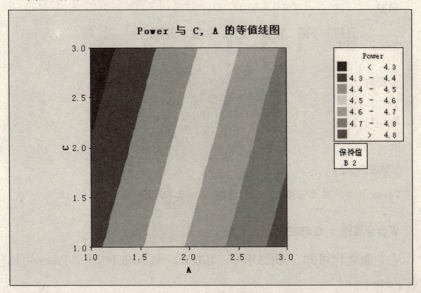

图3-47 等值线

曲面图，如图3-48所示。

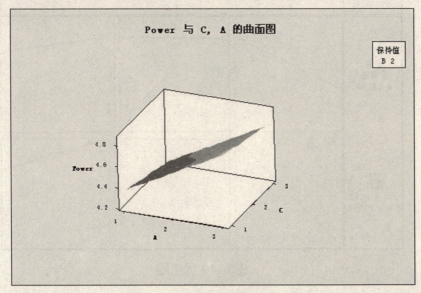

图3-48 曲面图

3.3.7　3^K全因子试验优化

响应优化

参数

	目标	下限	望目	上限	权重	重要性
Power	望大	4	5	5	1	1

全局解

A = 3
B = 3
C = 1

预测的响应

Power = 4.85556 , 合意性 = 0.855556

复合合意性 = 0.855556

从上面优化可知，A取3水平，B取3水平，C取1水平，Power可以优化到4.8556。

优化图，如图3-49所示。

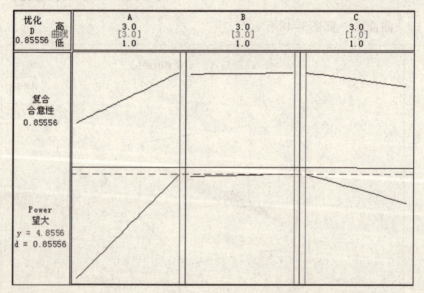

图3-49 优化图

3.4 一般全因子试验设计

3.4.1 一般全因子试验设计案例

某光伏太阳能研究所研发的太阳能帆板转换效率与光阵列（A）、逆变电源（B）、材质（C）有关，研发人员为了提高太阳能转化效率，进行了3×2×2一般全因子试验，而且进行了一次重复试验，试验结果如下表3-7所示。

标准序	运行序	PtType	区组	A	B	C	转换效率
10	1	1	1	3	1	2	0.24
1	2	1	1	1	1	1	0.18
8	3	1	1	2	2	2	0.19
7	4	1	1	2	2	1	0.20
19	5	1	1	2	2	1	0.21
11	6	1	1	3	2	1	0.23
21	7	1	1	3	1	1	0.22
4	8	1	1	1	2	2	0.20
14	9	1	1	1	1	2	0.16
23	10	1	1	3	2	1	0.22
15	11	1	1	1	2	1	0.19
13	12	1	1	1	1	1	0.16
17	13	1	1	2	1	1	0.20
12	14	1	1	3	2	2	0.23
3	15	1	1	1	2	1	0.18
2	16	1	1	1	1	2	0.17
22	17	1	1	3	1	2	0.22
5	18	1	1	2	1	1	0.19
6	19	1	1	2	1	2	0.20
16	20	1	1	1	2	2	0.20
9	21	1	1	3	1	1	0.21
20	22	1	1	2	2	2	0.19
18	23	1	1	2	1	2	0.18
24	24	1	1	3	2	2	0.23

表3-7 一般全因子试验设计

3.4.2 一般全因子试验设计分析

一般线性模型：转换效率 与 A，B，C

```
因子   类型   水平数   值
A      固定    3       1, 2, 3
B      固定    2       1, 2
C      固定    2       1, 2
```

转换效率 的方差分析，在检验中使用调整的 SS

```
来源    自由度    Seq SS       Adj SS       Adj MS       F       P
A         2    0.0218083    0.0218083    0.0109042    58.16   0.000
B         1    0.0000375    0.0000375    0.0000375     0.20   0.663
C         1    0.0003375    0.0003375    0.0003375     1.80   0.205
A*B       2    0.0003250    0.0003250    0.0001625     0.87   0.445
A*C       2    0.0000750    0.0000750    0.0000375     0.20   0.821
B*C       1    0.0000042    0.0000042    0.0000042     0.02   0.884
A*B*C     2    0.0000583    0.0000583    0.0000292     0.16   0.858
误差     12    0.0022500    0.0022500    0.0001875
合计     23    0.0248958
```

S = 0.0136931   R-Sq = 90.96%   R-Sq(调整) = 82.68%

从上面分析可知，A因子影响较大，其他因素影响次之。

3.4.3 因子图分析

因子主效应图分析，如图3-50所示。

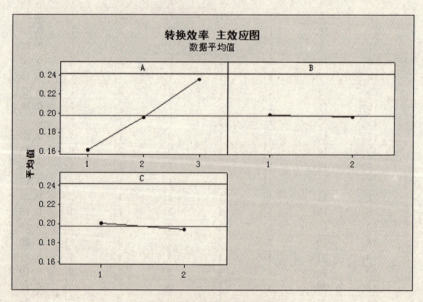

图3-50 因子主效应图

从因子主效应图分析可知，A因子影响最大，B、C因子影响不太明显。

因子交互效应图分析，如图3-51所示。

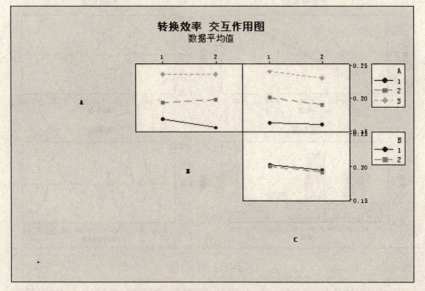

图3-51 因子交互效应图

从因子交互效应图分析可知，交互作用的影响不太明显。

3.4.4 删减模型与残差分析

一般线性模型：转换效率 与 A，B，C

因子	类型	水平数	值
A	固定	3	1, 2, 3
B	固定	2	1, 2
C	固定	2	1, 2

转换效率 的方差分析，在检验中使用调整的 SS

来源	自由度	Seq SS	Adj SS	Adj MS	F	P
A	2	0.0084000	0.0084000	0.0042000	36.83	0.000
B	1	0.0008167	0.0008167	0.0008167	7.16	0.015
C	1	0.0000167	0.0000167	0.0000167	0.15	0.706
误差	19	0.0021667	0.0021667	0.0001140		
合计	23	0.0114000				

S = 0.0106787   R-Sq = 80.99%   R-Sq(调整) = 76.99%

　　从删减模型分析，A、B两因子的影响比较明显，残差分析如图3-52所示。

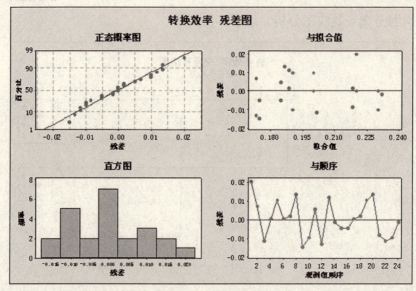

图3-52 残差图

　　从残差图分析可知，残差服从正态分布，残差与拟合值无异常，模型拟合良好。

3.4.5　一般全因子试验设计优化

　　一般全因子试验设计要在响应曲面进行优化，在响应曲面进行模型分析。

　　从下面分析可知，A、B、AB都影响比较明显。

响应曲面回归：转换效率 与 A，B，C

不能估计以下项并且已经删除。

B*B
C*C

分析是使用已编码单位进行的。

转换效率 的估计回归系数

项	系数	系数标准误	T	P
常量	0.195000	0.003689	52.864	0.000
A	0.022500	0.002608	8.626	0.000
B	0.005833	0.002130	2.739	0.015
C	0.000833	0.002130	0.391	0.701
A*A	0.007500	0.004518	1.660	0.116
A*B	-0.005000	0.002608	-1.917	0.073
A*C	0.001250	0.002608	0.479	0.638
B*C	0.000000	0.002130	0.000	1.000

S = 0.0104333 PRESS = 0.00390242
R-Sq = 84.72% R-Sq（预测） = 65.77% R-Sq（调整） = 78.04%

对于 转换效率 的方差分析

来源	自由度	Seq SS	Adj SS	Adj MS	F	P
回归	7	0.009658	0.009658	0.001380	12.68	0.000
线性	3	0.008933	0.008933	0.002978	27.36	0.000
平方	1	0.000300	0.000300	0.000300	2.76	0.116
交互作用	3	0.000425	0.000425	0.000142	1.30	0.308
残差误差	16	0.001742	0.001742	0.000109		
失拟	4	0.000842	0.000842	0.000210	2.81	0.074
纯误差	12	0.000900	0.000900	0.000075		
合计	23	0.011400				

3.4.6 删减模型与残差分析

响应曲面回归：转换效率 与 A，B，C

分析是使用已编码单位进行的。

转换效率 的估计回归系数

项	系数	系数标准误	T	P
常量	0.200000	0.002314	86.431	0.000
A	0.022500	0.002834	7.939	0.000
B	0.005833	0.002314	2.521	0.021
C	0.000833	0.002314	0.360	0.723
A*C	0.001250	0.002834	0.441	0.664

S = 0.0113362 PRESS = 0.00391101
R-Sq = 78.58% R-Sq（预测） = 65.69% R-Sq（调整） = 74.07%

对于 转换效率 的方差分析

来源	自由度	Seq SS	Adj SS	Adj MS	F	P
回归	4	0.008958	0.008958	0.002240	17.43	0.000
线性	3	0.008933	0.008933	0.002978	23.17	0.000
交互作用	1	0.000025	0.000025	0.000025	0.19	0.664
残差误差	19	0.002442	0.002442	0.000129		
失拟	7	0.001542	0.001542	0.000220	2.94	0.049
纯误差	12	0.000900	0.000900	0.000075		
合计	23	0.011400				

从删减模型分析来看，还是线性项影响比较大，残差分析如图 3-53所示。

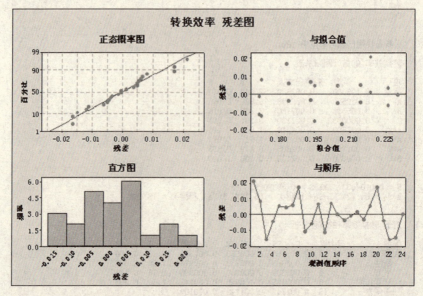

图3-53 残差图

从残差分析图可知，残差服从正态分布，残差与拟合值无异常情形，模型拟合良好。

3.4.7 一般全因子试验设计等值线和曲面图

等值线图，如图3-54所示。

从等值线图可以看出，A、B都取高水平转换效率最大。

曲面图，如图3-55所示。

从曲面图可以看出，A、B都取高水平转换效率最大。

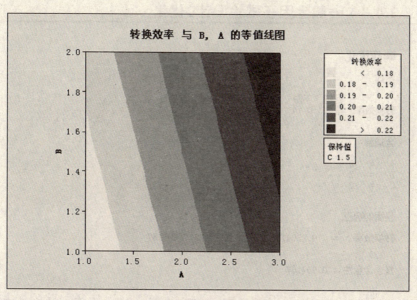

图3-54 等值线图

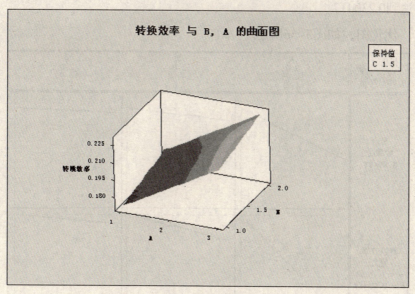

图3-55 曲面图

3.4.8 一般全因子试验设计D优化

响应优化

参数

	目标	下限	望目	上限	权重	重要性
转换效率	望大	0.14	0.24	0.24	1	1

全局解

```
A  =  3
B  =  2
C  =  2
```

预测的响应

转换效率 = 0.230417 , 合意性 = 0.904167

复合合意性 = 0.904167

从上面分析可知，A取3水平，B取2水平，C取2水平，转换效率可以达到0.230417。

优化图，如图3-56所示。

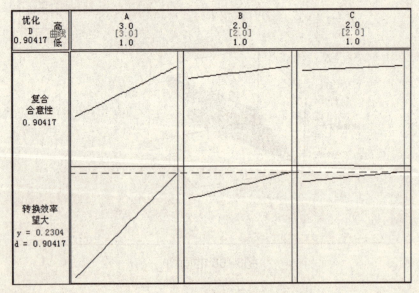

图3-56 优化图

第四章

分部析因试验设计

本章将介绍以下内容

- 2^K 分部因子试验设计

- 分辨度Ⅲ的试验设计

- 分辨度Ⅳ的试验设计

- 分辨度Ⅴ的试验设计

4.1 2^K分部因子试验设计

4.1.1 定义与原理

我们以2^K全因子试验次数为例：1/2分部试验设计的次数为2^{K-1}；1/4分部试验次数为2^{K-2}；1/P分部试验次数为2^{K-P}。虽然分部因子试验次数减少了，但它以牺牲试验精度为代价，因此，分部因子试验设计，只能作为精度要求不高的筛选试验设计。

1. 分部因子试验设计的分辨度

分部因子试验设计的分辨度，如图4-1所示。

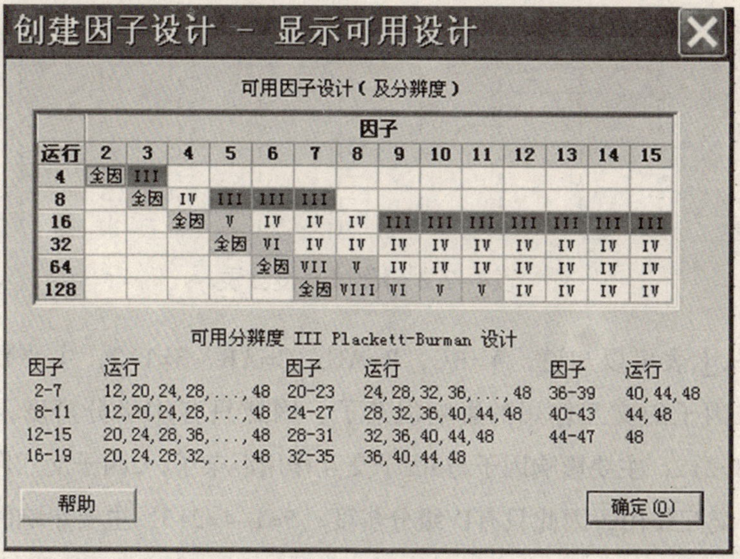

创建因子设计 - 显示可用设计

可用因子设计（及分辨度）

运行	因子													
	2	3	4	5	6	7	8	9	10	11	12	13	14	15
4	全因	III												
8		全因	IV	III	III	III								
16			全因	V	IV	IV	IV	III	III	III	III	III	III	III
32				全因	VI	IV	IV	IV	IV	IV	IV	IV	IV	IV
64					全因	VII	V	IV	IV	IV	IV	IV	IV	IV
128						全因	VIII	VI	V	V	IV	IV	IV	IV

可用分辨度 III Plackett-Burman 设计

因子	运行	因子	运行	因子	运行
2-7	12, 20, 24, 28, …, 48	20-23	24, 28, 32, 36, …, 48	36-39	40, 44, 48
8-11	12, 20, 24, 28, …, 48	24-27	28, 32, 36, 40, 44, 48	40-43	44, 48
12-15	20, 24, 28, 36, …, 48	28-31	32, 36, 40, 44, 48	44-47	48
16-19	20, 24, 28, 32, …, 48	32-35	36, 40, 44, 48		

帮助　　　　　　　　　　　　　　　确定(0)

图4-1 分部因子试验设计分辨度

从上图可知，25全因子试验32次精度最高；1/2分部试验设计16次，只有V级分辨度；1/4分部试验设计8次，只有III级分辨度，精度最低，变红色，不可以选用。

田口试验次数少，也是以牺牲试验精度为代价的，大多是III级分辨度，与Plackett-Burman试验设计一样都是III级分辨度，因此，都只能做初步的筛选试验设计，选取3-5因子，再做全因子试验设计是最佳选择。

2. 分部因子试验设计的混杂

分部因子试验设计，不但试验精度不高，而且还有个混杂的问题，我们以2^3全因子试验设计为例进行研究，如下表4-1所示。

标准序	运行序	中心点	区组	A	B	C	AB	AC	BC	ABC
2	2	1	1	1	-1	-1	-1	-1	1	1
3	3	1	1	-1	1	-1	-1	1	-1	1
5	5	1	1	-1	-1	1	1	-1	-1	1
8	8	1	1	1	1	1	1	1	1	1

表4-1 2^3全因子试验表

我们以生成元I=ABC分成两部分I=ABC=1，如下表4-2所示。

标准序	运行序	中心点	区组	A	B	C	AB	AC	BC	ABC
1	1	1	1	-1	-1	-1	1	1	1	-1
2	2	1	1	1	-1	-1	-1	-1	1	1
3	3	1	1	-1	1	-1	-1	1	-1	1
4	4	1	1	1	1	-1	1	-1	-1	-1
5	5	1	1	-1	-1	1	1	-1	-1	1
6	6	1	1	1	-1	1	-1	1	-1	-1
7	7	1	1	-1	1	1	-1	-1	1	-1
8	8	1	1	1	1	1	1	1	1	1

表4-2 2^3分部试验设计表

从上表可以知道，A=BC，B=AC，C=AB，3=1+2，主要影响因子与2因子的交互作用的影响混杂了，因此只有III级分辨度；同样4=1+3=2+2，主要影响因子与3因子交互作用混杂了，2因子交互作用与2因子交互作用，因此只有IV级分辨度；5=1+4=2+3，主要影响因子与4因子的交互作用混杂了，2因子交互作用与3因子的交互作用混杂了，因此只有V级分辨度。

4.1.2　如何避免混杂的问题

如果要避免1+2=3，要选择比它高一级分辨度IV就可以解决问题，还可以用折叠设计方法。

4.1.3　折叠试验设计

折叠是一种减少混杂的方式。在分部因子设计中有一个或多个效应无法单独估计时，就会发生混杂。不能区分的效应即视为有别名。

通过折叠可以根据分辨率III设计得到分辨率IV设计。例如，如果对因子A进行折叠，则A及其所有双因子交互作用将独立于其他主效应和双因子交互作用。如果对所有因子进行折叠，则所有主效应彼此独立，且独立于所有双因子交互作用。

例如，假设正在四个游程中创建三因子设计。

◎对所有因子进行折叠时，Minitab向设计中添加四个游程，并反转其他游程中每个因子的符号。

◎对一个因子进行折叠时，Minitab向设计中添加四个游程，但只反转指定因子的符号。其余因子的符号保持相同。然后将这些行附加到数据矩阵的末尾。如下表4-3所示。

原始部分	对所有因子进行折叠	对因子A进行折叠
A B C	A B C	A B C
- - +	- - +	- - +
+ - -	+ - -	+ - -
- + -	- + -	- + -
+ + +	+ + +	+ + +
	+ + -	+ - +
	- + +	- - -
	+ - +	+ + -
	- - -	- + +

表4-3　3因子折叠设计

　　折叠设计时，通常设计的定义关系或别名结构会缩短，因为彼此混杂的项较少。具体地说，对所有因子进行折叠时，将忽略定义关系中具有奇数个字母的任何单词。对一个因子进行折叠时，将从定义关系中忽略包含该因子的任何单词。例如，设计含五个因子的未折叠和折叠设计（对所有因子折叠和仅对因子A折叠）的定义关系为下表4-4所示。

未折叠设计	I+ABD+ACE+BCDE
折叠设计	I+BCDE

表4-4 五因子折叠试验设计比较表

　　如果折叠设计，而定义关系未缩短，则折叠仅添加仿行而不会减少混杂。在这种情况下，Minitab会显示错误消息。

　　如果折叠划分了区组的设计，则对折叠设计使用与对未折叠设计所使用的相同区组生成元。

4.2 分辨度III的试验设计

4.2.1 分辨度III的试验设计

我们进行2^3分部因子试验设计，1/2分部因子试验设计，但分辨度只有III级精度，不可以用。如下表4-5所示。

标准序	运行序	中心点	区组	A	B	C
1	1	1	1	−1	−1	1
2	2	1	1	1	−1	−1
3	3	1	1	−1	1	−1
4	4	1	1	1	1	1

表4-5 三因子分部试验设计

部分因子设计

因子：   3   基设计：   3, 4   分辨度：   III
试验次数： 4   仿行：   1   实施部分： 1/2
区组：   1   中心点（合计）：   0

＊ 注 ＊ 某些主效应与双因子交互作用项混杂。

设计生成元：C = AB

别名结构

I + ABC

A + BC
B + AC
C + AB

从上面分析可以知道，3因子分部试验设计，主要影响因子与2因子交互效应混杂了，而且只有III级分辨度，不可以用，因此可以进行折叠试验设计。

4.2.2　折叠试验设计

前面可知3因子进行折叠试验设计，完全折叠可以达到全因子试验设计的分辨度，3因子折叠试验设计如下表4-6所示。

标准序	运行序	中心点	区组	A	B	C
1	1	1	1	−1	−1	1
2	2	1	1	1	−1	−1
3	3	1	1	−1	1	−1
4	4	1	1	1	1	1
5	5	1	1	1	1	−1
6	6	1	1	−1	1	1
7	7	1	1	1	−1	1
8	8	1	1	−1	−1	−1

表4-6 折叠试验设计表

全因子设计

因子：	3	基设计：	3, 4
试验次数：	8	仿行：	1
区组：	1	中心点（合计）：	0

设计生成元（折叠前）：C = AB

因子折叠：A, B, C

所有项均不混杂。

从上面分析可以知道，折叠试验设计可以提高试验精度。

4.2.3 折叠试验设计案例

某公司研发部门开发的新产品的合成率与温度（A）、压力（B）、催化剂（C）有关，如果进行23分部因子试验设计只有Ⅲ级分辨度，为了提高试验精度进行了折叠试验设计，其试验结果如下表4-7所示。

标准序	运行序	中心点	区组	A	B	C	Y
1	1	1	1	−1	−1	1	0.60
2	2	1	1	1	−1	−1	0.80
3	3	1	1	−1	1	−1	0.50
4	4	1	1	1	1	1	0.70
5	5	1	1	1	1	−1	0.85
6	6	1	1	1	−1	1	0.50
7	7	1	1	−1	1	1	0.90
8	8	1	1	−1	−1	−1	0.40

表4-7 折叠试验设计

1. 折叠试验模型分析

拟合因子：Y 与 A，B，C

Y 的效应和系数的估计（已编码单位）

```
项        效应        系数      系数标准误       T      P
常量                0.65625    0.006250    105.00   0.006
A       0.31250     0.15625    0.006250     25.00   0.025
B      -0.03750    -0.01875    0.006250     -3.00   0.205
C       0.03750     0.01875    0.006250      3.00   0.205
A*B    -0.03750    -0.01875    0.006250     -3.00   0.205
A*C    -0.06250    -0.03125    0.006250     -5.00   0.126
B*C    -0.11250    -0.05625    0.006250     -9.00   0.070


S = 0.0176777   PRESS = 0.02
R-Sq = 99.87%   R-Sq（预测）= 91.57%   R-Sq（调整）= 99.08%


对于 Y 方差分析（已编码单位）

来源          自由度   Seq SS     Adj SS     Adj MS        F      P
主效应           3    0.200937   0.200937   0.0669792   214.33  0.050
2因子交互作用     3    0.035937   0.035937   0.0119792    38.33  0.118
残差误差         1    0.000312   0.000312   0.0003125
合计            7    0.237187
```

效应 Pareto   Y

```
别名结构
I
A
B
C
A*B
A*C
B*C
```

从模型分析可知A因子P值小于0.05，A对试验结果的影响最大，BC的交互效应也比较明显。

因子的效应图如图4-2所示。

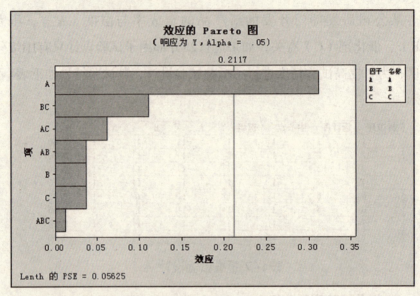

图4-2 因子效应图

模型的残差分析图，如图4-3所示。

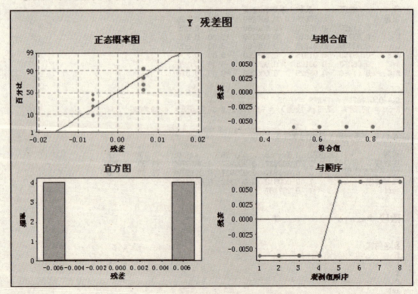

图4-3 模型的残差分析图

从残差分析图可知，残差基本正态，残差与拟合值没有异常情形，模型拟合良好。

2. 因子图分析

因子主效应图，如图4-4所示。

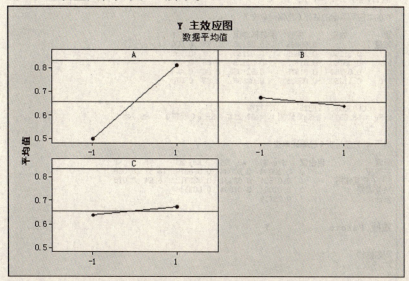

图4-4 因子主效应图

从因子主效应图可以看出，A因子影响最大，B、C因子影响较小。

因子交互效应图，如图4-5所示。

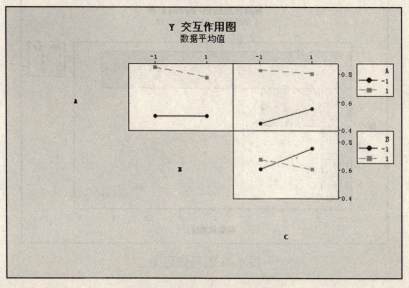

图4-5 因子的交互效应图

从因子交互效应图可以看出，BC交互效应影响比较明显，AB、AC的交互效应不太明显。

3. 删减模型分析

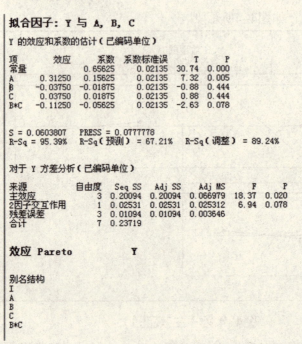

```
拟合因子：Y 与 A, B, C

Y 的效应和系数的估计（已编码单位）

项          效应      系数      系数标准误      T       P
常量                 0.65625   0.02135      30.74   0.000
A         0.31250   0.15625   0.02135       7.32   0.005
B        -0.03750  -0.01875   0.02135      -0.88   0.444
C         0.03750   0.01875   0.02135       0.88   0.444
B*C      -0.11250  -0.05625   0.02135      -2.63   0.078


S = 0.0603807    PRESS = 0.0777778
R-Sq = 95.39%    R-Sq（预测）= 67.21%    R-Sq（调整）= 89.24%


对于 Y 方差分析（已编码单位）

来源         自由度   Seq SS    Adj SS    Adj MS       F      P
主效应         3     0.20094   0.20094   0.066979   18.37  0.020
2因子交互作用    1     0.02531   0.02531   0.025312    6.94  0.078
残差误差        3     0.01094   0.01094   0.003646
合计           7     0.23719


效应 Pareto              Y


别名结构
I
A
B
C
B*C
```

因子效应图，如图4-6所示。

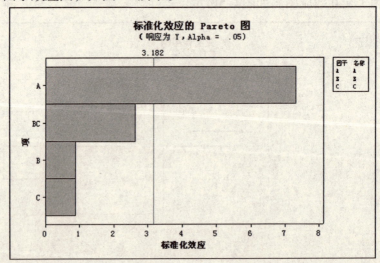

图4-6 因子效应图

删减后的残差分析图，如图4-7所示。

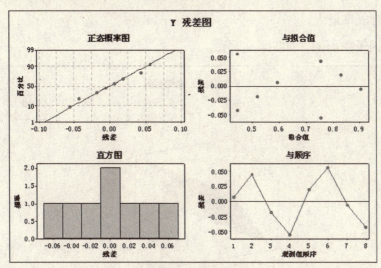

图4-7 残差图

删减后的模型比之前更优，残差基本服从正态分布，残差与拟合之等方差，而且没有异常情形，模型拟合良好。

4. 等值线曲面图

因子等值线图，如图4-8所示。

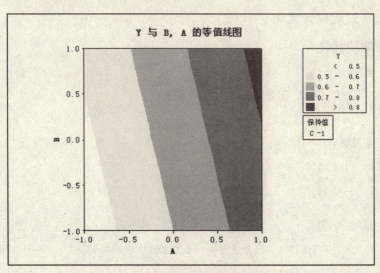

图4-8 因子等值线图

从因子等值线图可以看出，A因子取高水平，B因子取高水平，能够使合成率最大。

因子曲面图，如图4-9所示。

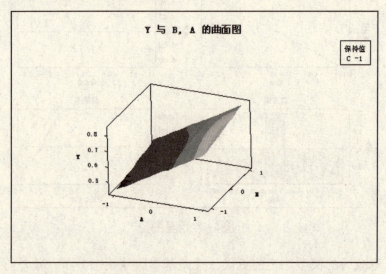

图4-9 因子曲面图

从因子曲面图可以看出，A因子取高水平，B因子取高水平，能够使合成率最大。

5. 试验设计优化

响应优化

参数

	目标	下限	望目	上限	权重	重要性
Y	望大	0.5	1	1	1	1

全局解

A = 1
B = -1
C = 1

预测的响应

Y = 0.90625 , 合意性 = 0.812500

复合合意性 = 0.812500

　　从上面分析可以看出：A取高水平，B取低水平，C取高水平，合成率可以优化到0.90625。

　　优化图，如图4-10所示。

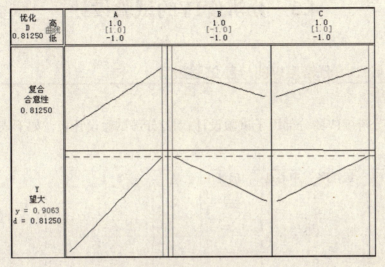

图4-10 优化图

4.3　分辨度IV的试验设计

4.3.1　分辨度IV的分部试验设计

分辨度IV的分部因子试验设计，1/2分部试验设计表，如下表4-8所示。

标准序	运行序	中心点	区组	A	B	C	D
4	1	1	1	1	1	-1	-1
7	2	1	1	-1	1	1	-1
5	3	1	1	-1	-1	1	1
3	4	1	1	-1	1	-1	1
2	5	1	1	1	-1	-1	1
8	6	1	1	1	1	1	1
1	7	1	1	-1	-1	-1	-1
6	8	1	1	1	-1	1	-1

表4-8 分部因子试验设计

部分因子设计

因子:	4	基设计:	4, 8	分辨度:	IV
试验次数:	8	仿行:	1	实施部分:	1/2
区组:	1	中心点（合计）:	0		

设计生成元: D = ABC

别名结构

I + ABCD

A + BCD
B + ACD
C + ABD
D + ABC
AB + CD
AC + BD
AD + BC

从上面分析可知，4=1+3=2+2，主要影响因子与3因子交互效应混杂了，2因子交互效应与2因子交互效应混杂了，因此，要避免混杂，可高阶设计或折叠设计。

4.3.2 分辨度IV的分部试验设计案例

某公司开发部门为了对新产品注塑成型的收缩率进行研究，发现收缩率与6个因子2水平有关：成型温度（A）、螺杆转速（B）、保持时间（C）、循环时间（D）、射出口径(E)、保压压力(F)。研发工程师设计了一个26-2IV级分辨度的分部因子试验方案，其试验结果如下表4-9所示。

标准序	运行序	中心点	区组	A	B	C	D	E	F	收缩量
1	1	1	1	-1	-1	-1	-1	-1	-1	60
2	2	1	1	1	-1	-1	-1	1	-1	100
3	3	1	1	-1	1	-1	-1	1	1	320
4	4	1	1	1	1	-1	-1	-1	1	600
5	5	1	1	-1	-1	1	-1	1	1	40
6	6	1	1	1	-1	1	-1	-1	1	150
7	7	1	1	-1	1	1	-1	-1	-1	260
8	8	1	1	1	1	1	-1	1	-1	600
9	9	1	1	-1	-1	-1	1	-1	1	80
10	10	1	1	1	-1	-1	1	1	1	120
11	11	1	1	-1	1	-1	1	1	-1	340
12	12	1	1	1	1	-1	1	-1	-1	600
13	13	1	1	-1	-1	1	1	1	-1	160
14	14	1	1	1	-1	1	1	-1	-1	50
15	15	1	1	-1	1	1	1	-1	1	370
16	16	1	1	1	1	1	1	1	1	520

表4-9 6因子分部试验设计

部分因子设计

因子:	6	基设计:		6, 16	分辨度:	IV
试验次数:	16	仿行:		1	实施部分:	1/4
区组:	1	中心点（合计）:	0			

设计生成元: E = ABC, F = BCD

别名结构

```
I + ABCE + ADEF + BCDF

A + BCE + DEF + ABCDF
B + ACE + CDF + ABDEF
C + ABE + BDF + ACDEF
D + AEF + BCF + ABCDE
E + ABC + ADF + BCDEF
F + ADE + BCD + ABCEF
AB + CE + ACDF + BDEF
AC + BE + ABDF + CDEF
AD + EF + ABCF + BCDE
AE + BC + DF + ABCDF
AF + DE + ABCD + BCEF
BD + CF + ABEF + ACDE
BF + CD + ABDE + ACEF
ABD + ACF + BEF + CDE
ABF + ACD + BDE + CEF
```

4.3.3 分辨度IV的分部试验设计分析

1. 模型分析

拟合因子：收缩量 与 A, B, C, D, E, F

收缩量 的效应和系数的估计（已编码单位）

项	效应	系数	系数标准误	T	P
常量		273.13	17.24	15.84	0.004
A	138.75	69.37	17.24	4.02	0.057
B	356.25	178.12	17.24	10.33	0.009
C	-8.75	-4.37	17.24	-0.25	0.823
D	13.75	6.88	17.24	0.40	0.729
E	3.75	1.88	17.24	0.11	0.923
F	3.75	1.87	17.24	0.11	0.923
A*B	118.75	59.38	17.24	3.44	0.075
A*C	-16.25	-8.12	17.24	-0.47	0.684
A*D	-53.75	-26.87	17.24	-1.56	0.259
A*E	-18.75	-9.37	17.24	-0.54	0.641
A*F	6.25	3.12	17.24	0.18	0.873
B*D	-1.25	-0.62	17.24	-0.04	0.974
B*F	-1.25	-0.63	17.24	-0.04	0.974

S = 68.9656   PRESS = 608800
R-Sq = 98.57%   R-Sq（预测） = 8.58%   R-Sq（调整） = 89.29%

对于 收缩量 方差分析（已编码单位）

来源	自由度	Seq SS	Adj SS	Adj MS	F	P
主效应	6	585837	585837	97640	20.53	0.047
2因子交互作用	7	70594	70594	10085	2.12	0.358
残差误差	2	9513	9513	4756		
合计	15	665944				

从上面模型分析可以看出，A、B因子和AB的交互效应影响比较大。

2. 因子效应图

因子效应图，如图4-11所示。

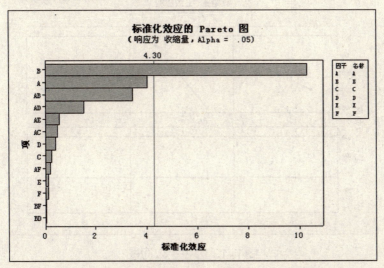

图4-11 因子效应图

从因子效应图可以看出，B、A、AB因素的影响比较大。

3. 残差图

残差分析图，如图4-12所示。

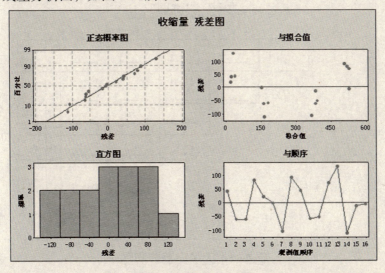

图4-12 残差分析图

4. 因子图

因子主效应图，如图4-13所示。

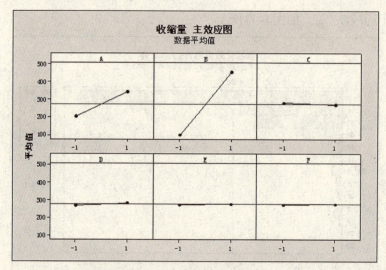

图4-13 因子主效应图

从因子主效应图可以看出，B、A因子的影响比较大，其他因子的影响比较小。

因子交互效应图，如图4-14所示。

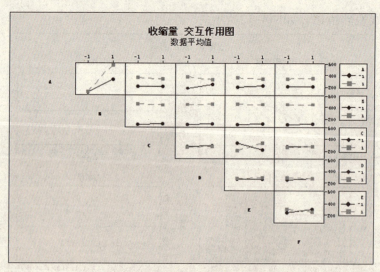

图4-14 因子交互效应图

从因子交互效应图可以看出，AB、CE的交互作用影响比较明显，其他交互效应不太明显。

4.3.4 分辨度IV的分部试验设计删减模型

1. 删减模型分析

拟合因子：收缩量 与 A，B，C，D，E，F

收缩量 的效应和系数的估计（已编码单位）

项	效应	系数	系数标准误	T	P
常量		273.125	13.61	20.07	0.000
A	138.750	69.375	13.61	5.10	0.001
B	356.250	178.125	13.61	13.09	0.000
C	-8.750	-4.375	13.61	-0.32	0.756
D	13.750	6.875	13.61	0.51	0.627
E	3.750	1.875	13.61	0.14	0.894
F	3.750	1.875	13.61	0.14	0.894
A*B	118.750	59.375	13.61	4.36	0.002

S = 54.4289　　PRESS = 94800
R-Sq = 96.44%　　R-Sq(预测) = 85.76%　　R-Sq(调整) = 93.33%

对于 收缩量 方差分析（已编码单位）

来源	自由度	Seq SS	Adj SS	Adj MS	F	P
主效应	6	585837	585837	97640	32.96	0.000
2因子交互作用	1	56406	56406	56406	19.04	0.002
残差误差	8	23700	23700	2962		
合计	15	665944				

从删减模型分析可知，A、B、AB影响比较大，P值小于0.05，其他因素影响不明显。

2. 因子效应图
因子效应图，如图4-15所示。

3. 残差图
残差图，如图4-16所示。

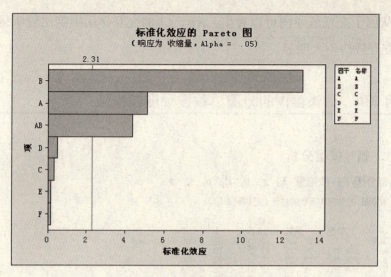

图4-15 因子效应图

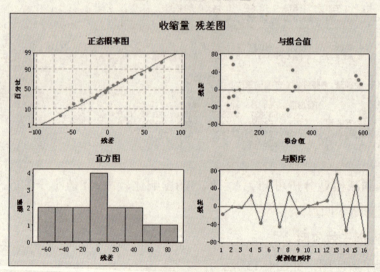

图4-16 残差图

4.3.5　分辨度IV的分部试验设计等值线和曲面图

因子等值线图，如图4-17所示。

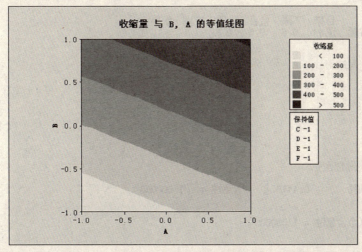

图4-17 因子等值线图

从因子等值线图分析可知，A、B因子取低水平，收缩量最小。

因子曲面图，如图4-18所示。

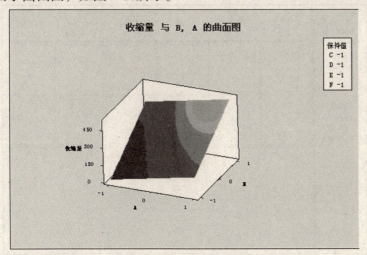

图4-18 因子曲面图

从因子曲面图分析可知，A、B因子取低水平，收缩量最小。

4.3.6　分辨度IV的分部试验优化设计

响应优化

参数

	目标	下限	望目	上限	权重	重要性
油耗	望小	0.5	0.5	0.7	1	1

全局解

A　=　-1
B　=　-1
C　=　-1
D　=　1
E　=　1

预测的响应

油耗　=　0.4475，　合意性　=　1.000000

复合合意性 = 1.000000

　　从上面分析可知，A、B、D、E、F取低水平，C取高水平，收缩量可以优化到最小10.625.

　　优化图，如图4-19所示。

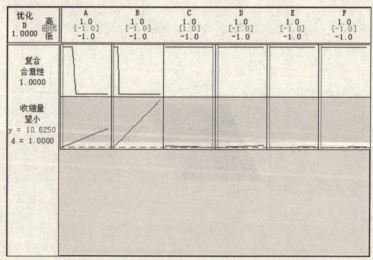

图4-19 优化图

4.4　分辨度V的试验设计

4.4.1　分辨度V的试验设计

分辨度V的试验设计，以2^5分部因子试验设计1/2分部设计，如下表4-10所示。

标准序	运行序	中心点	区组	A	B	C	D	E
12	1	1	1	1	1	-1	1	-1
11	2	1	1	-1	1	-1	1	1
5	3	1	1	-1	-1	1	-1	1
3	4	1	1	-1	1	-1	-1	1
13	5	1	1	-1	-1	1	1	-1
1	6	1	1	-1	-1	-1	-1	1
7	7	1	1	-1	1	1	-1	-1
15	8	1	1	-1	1	1	1	-1
6	9	1	1	1	-1	1	-1	1
2	10	1	1	1	-1	-1	-1	-1
4	11	1	1	1	1	-1	-1	-1
8	12	1	1	1	1	1	-1	1
16	13	1	1	1	1	1	1	1
14	14	1	1	1	-1	1	1	-1
10	15	1	1	1	-1	-1	1	1
9	16	1	1	1	-1	-1	1	-1

表4-10 5因子分部因子试验设计

部分因子设计

因子:　　　5　基设计:　　　5, 16　分辨度:　　　V
试验次数: 16　仿行:　　　　　1　实施部分: 1/2
区组:　　　1　中心点（合计）:　　0

设计生成元: E = ABCD

别名结构

I + ABCDE

A + BCDE
B + ACDE
C + ABDE
D + ABCE
E + ABCD
AB + CDE
AC + BDE
AD + BCE
AE + BCD
BC + ADE
BD + ACE
BE + ACD
CD + ABE
CE + ABD
DE + ABC

从上面分析可知，5=1+4=2+3主要影响因子与4因子交互效应混杂了，2因子交互效应与3因子交互效应混杂了，因此2^5因子1/2分部因子试验设计，只有V分辨度。

4.4.2 分辨度V的试验设计案例

某飞机研究所研发的新型飞机发动机油耗与航道比（A）、推重比（B）、压气机增压比（C）、风扇总增压比（D）、起飞重量（E）因子有关，研发工程师为了节能环保，对发动机进行了2^5分部因子V级分辨度试验设计，试验结果如下表4-11所示。

标准序	运行序	中心点	区组	A	B	C	D	E	油耗
1	1	1	1	-1	-1	-1	-1	1	0.510
2	2	1	1	1	-1	-1	-1	-1	0.490
3	3	1	1	-1	1	-1	-1	-1	0.740
4	4	1	1	1	1	-1	-1	1	0.710
5	5	1	1	-1	-1	1	-1	-1	0.480
6	6	1	1	1	-1	1	-1	1	0.470
7	7	1	1	-1	1	1	-1	1	0.710
8	8	1	1	1	1	1	-1	-1	0.720
9	9	1	1	-1	-1	-1	1	-1	0.450
10	10	1	1	1	-1	-1	1	1	0.460
11	11	1	1	-1	1	-1	1	1	0.690
12	12	1	1	1	1	-1	1	-1	0.700
13	13	1	1	-1	-1	1	1	1	0.475
14	14	1	1	1	-1	1	1	-1	0.485
15	15	1	1	-1	1	1	1	-1	0.735
16	16	1	1	1	1	1	1	1	0.745

表4-11 2^5因子分部试验设计

4.4.3 分辨度V的试验设计分析

1. 模型分析

拟合因子: 油耗 与 A, B, C, D, E

油耗 的效应和系数的估计（已编码单位）

项	效应	系数	系数标准误	T	P
常量		0.598125	0.000625	957.00	0.001
A	-0.001250	-0.000625	0.000625	-1.00	0.500
B	0.241250	0.120625	0.000625	193.00	0.003
C	0.008750	0.004375	0.000625	7.00	0.090
D	-0.011250	-0.005625	0.000625	-9.00	0.070
E	-0.003750	-0.001875	0.000625	-3.00	0.205
A*B	0.001250	0.000625	0.000625	1.00	0.500
A*C	0.006250	0.003125	0.000625	5.00	0.126
A*D	0.011250	0.005625	0.000625	9.00	0.070
A*E	0.001250	0.000625	0.000625	1.00	0.500
B*C	0.008750	0.004375	0.000625	7.00	0.090
B*D	0.008750	0.004375	0.000625	7.00	0.090
B*E	-0.006250	-0.003125	0.000625	-5.00	0.126
C*D	0.026250	0.013125	0.000625	21.00	0.030
D*E	0.003750	0.001875	0.000625	3.00	0.205

S = 0.0025　　PRESS = 0.0016
R-Sq = 100.00%　　R-Sq（预测）= 99.33%　　R-Sq（调整）= 99.96%

对于 油耗 方差分析（已编码单位）

来源	自由度	Seq SS	Adj SS	Adj MS	F	P
主效应	5	0.233681	0.233681	0.0467362	7477.80	0.009
2因子交互作用	9	0.004256	0.004256	0.0004729	75.67	0.089
残差误差	1	0.000006	0.000006	0.0000062		
合计	15	0.237944				

从上面分析可以知道，B、CD因素的P值小于0.05，对模型影响比较大，BC、BD交互效应的P值小于0.1，对模型也有影响，其他因素的影响不太明显。

2. 因子效应分析

因子效应图，如图4-20所示。

从因子效应图可以看出，B、CD对飞机油耗影响最大，其他因素影响较小。

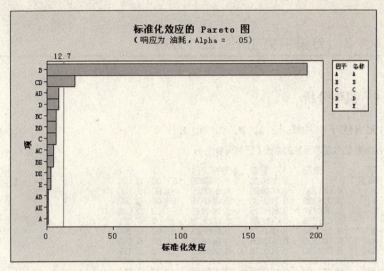

图4-20 因子效应图

3. 因子图分析

因子主效应图，如图4-21所示。

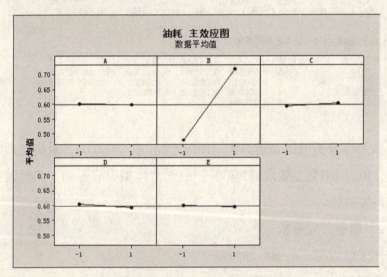

图4-21 因子主效应图

从因子主效应图可以看出，B因子的影响最大，其他因子影响
较小。

因子交互效应图，如图4-22所示。

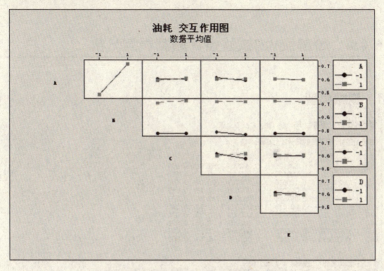

图4-22 因子交互效应图

从因子交互效应图可以看出，CD、BC、BD交互作用比较明显，其他因子交互效应不太明显。

4. 残差分析

残差分析图，如图4-23所示。

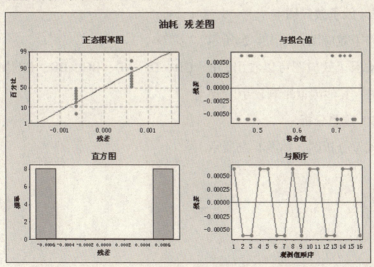

图4-23 残差图

从残差图可以看出，残差不服从正态，模型要进行删减。

4.4.4 分辨度Ⅴ的试验设计删减模型分析

1. 删减模型

拟合因子：油耗 与 A，B，C，D，E

油耗 的效应和系数的估计（已编码单位）

项	效应	系数	系数标准误	T	P
常量		0.598125	0.002009	297.71	0.000
A	-0.001250	-0.000625	0.002009	-0.31	0.766
B	0.241250	0.120625	0.002009	60.04	0.000
C	0.008750	0.004375	0.002009	2.18	0.072
D	-0.011250	-0.005625	0.002009	-2.80	0.031
E	-0.003750	-0.001875	0.002009	-0.93	0.387
A*D	0.011250	0.005625	0.002009	2.80	0.031
B*C	0.008750	0.004375	0.002009	2.18	0.072
B*D	0.008750	0.004375	0.002009	2.18	0.072
C*D	0.026250	0.013125	0.002009	6.53	0.001

S = 0.00803638   PRESS = 0.00275556
R-Sq = 99.84%   R-Sq（预测） = 98.84%   R-Sq（调整） = 99.59%

对于 油耗 方差分析（已编码单位）

来源	自由度	Seq SS	Adj SS	Adj MS	F	P
主效应	5	0.233681	0.233681	0.0467362	723.66	0.000
2因子交互作用	4	0.003875	0.003875	0.0009688	15.00	0.003
残差误差	6	0.000388	0.000388	0.0000646		
合计	15	0.237944				

从删减模型可以看出，B、C、D因子、AD、BC、BD、CD的交互作用影响都很明显。

2. 因子效应图

因子效应图，如图4-24所示。

从因子效应图可以看出，B、CD、D、AD、BC、BD、C的影响是明显的。其他因素影响较小。

3. 残差分析

残差分析图，如图4-25所示。

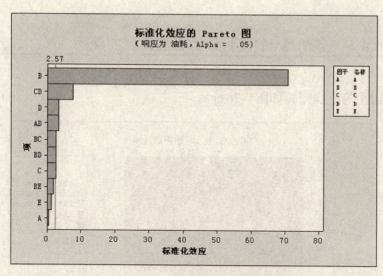

图4-24 因子效应图

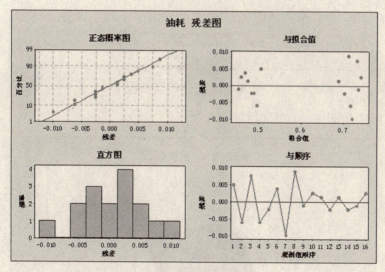

图4-25 残差图

从残差分析可知，残差服从正态分布，残差与拟合值没有异常情形，模型拟合良好。

4.4.5 分辨度V的试验设计等值线和曲面图

因子等值线图，如图4-26所示。

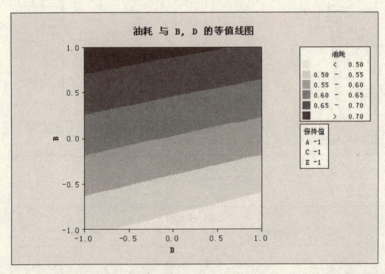

图4-26 因子等值线图

因子曲面图，如图4-27所示。

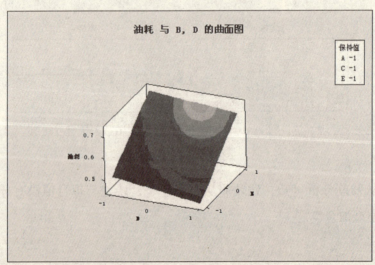

图4-27 因子曲面图

从因子曲面图可以看出B因子取向低水平，D因子取适当值，可以使飞机油耗最低。

4.4.6 分辨度V的试验设计优化试验设计

响应优化

参数

	目标	下限	望目	上限	权重	重要性
油耗	望小	0.5	0.5	0.7	1	1

全局解

```
A  =  -1
B  =  -1
C  =  -1
D  =   1
E  =   1
```

预测的响应

油耗 = 0.4475 ， 合意性 = 1.000000

复合合意性 = 1.000000

从上面分析可以知道，A、B、C取低水平，D、E取高水平，可以使油耗优化到0.4475。

优化图，如图4–28所示。

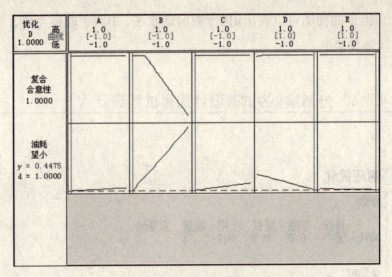

图4-28 优化图

第五章

田口试验设计和分析

本章将介绍以下内容

● 田口试验设计概述

● 静态田口试验设计和分析

● 动态田口试验设计和分析

● 新产品稳健设计及优化

5.1　田口试验设计概述

5.1.1　田口试验设计

田口博士被认为是稳健性参数设计的最先提出者。稳健性参数设计是用于产品或过程的一种设计方法，关注的是使变异性或对噪声的敏感度最小化。只要使用得当，田口设计可成为一种高效有力的方法，用于设计能使其在各种条件下始终以最优状态运行产品。

在稳健性参数设计中，主要目标是在调整（或保持）目标过程的同时，找出使响应变异最小化的因子设置。确定影响变异的因子之后，可以尝试找出减小变异、使产品对不可控因子（噪声）的变化不敏感或同时达到这两种效果的可控制因子的设置。以此目标设计的过程会产生更一致的输出。以此目标设计的产品可以提供更一致的性能，而无论使用该产品的环境如何。

工程知识应用于指导因子和响应的选择。稳健性参数设计特别适合于能量传输过程。例如，汽车方向盘设计成能从方向盘向车轮传输能量，应按比例缩放控制因子和响应，以使交互作用不可能发生。当控制因子间可能存在交互作用或不容易确定时，应选择一种能够对这样的交互作用进行估计的设计。Minitab可以帮助您选择田口设计，该设计不会混淆相关项的交互作用或与主效应的交互作用。

还应该慎重选择外侧阵列的噪声因子，并且可能需要进行初步的试验。所选噪声水平应反映响应变量保持稳健的条件范围。

稳健性参数设计使用田口设计（正交表），使您可以通过很少几次运行便可分析许多因子。田口设计是平衡的，也就是说，试验中不对因子进行或多或少的加权，因此，可以相互独立地对因子进行分析。

5.1.2 信噪比

在田口设计中，信噪比是稳健性的度量，用于通过使无法控制的因子（噪声因子）的效应最小化来确认减小产品或过程中的变异性的控制因子。控制因子是可以受到控制的设计和过程参数。噪声因子在生产或产品使用过程中无法受到控制，但在试验期间可以受到控制。在田口设计试验中，对噪声因子进行强制操作以产生变异，然后从结果中找出使过程或产品健壮（即对来自噪声因子的变异具有抵抗力）的最优控制因子设置。信噪比(S/N)的值较大，表示使噪声因子的效应最小化的控制因子设置。

田口试验通常使用两步优化过程。在步骤1中，使用S/N比确定减小变异的控制因子。在步骤2中，确定使平均值达到目标并对S/N比影响很小或没有影响的控制因子。

信噪比(S/N)度量响应在不同噪声条件下相对于标称值或目标值如何变化。根据试验的目标，可以从不同的S/N比中进行选择。对于静态设计，Minitab提供四种信噪比，如下表5-1所示。

信噪比	在目标为以下内容时用	数据为
越大越好	使响应最大化	正
标称最佳	以响应为目标且要使信噪比只以标准差为基础	正、零或负
标称最佳（默认）	以响应为目标且要使信噪比以平均值和标准差为基础	具有"绝对零"的非负数，其中在平均值为零时标准差为零
越小越好	使响应最小化	目标值为零的非负数

表5-1 信噪比选择表

对于动态设计，Minitab提供一种S/N比（和一个调整的公式），它与静态设计的"标称最佳"S/N比紧密相关。

5.1.3　稳健试验设计目的

稳健性试验的目的是找到控制因子设置的最优组合，以获得对噪声因子的稳健性（对噪声因子不敏感）。可针对以下各项计算响应表、线性模型结果并生成主效应和交互作用图。

◎信噪比（提供稳健性的度量）与控制因子；

◎均值（静态设计）或斜率（动态设计）与控制因子；

◎标准差与控制因子；

◎标准差的自然对数与控制因子。

使用这些结果和图可以确定哪些因子和交互作用重要，并评估它们对响应有何影响。为全面了解因子效应，建议评估信噪比、均值（静态设计）、斜率（动态设计）和标准差。确保您选择的信噪比适合您数据的类型以及您的目标，以实现响应的最优化。

5.2 静态田口试验设计和分析

5.2.1 静态田口试验设计

田口试验设计有两种类型的田口设计，允许您选择在操作环境中始终如一执行的产品或过程。这两种设计尝试确定能够使噪声因子对产品或服务的效应降至最低程度的控制因子。

但是，在动态系统中，响应变量不仅取决于噪声和控制因子，而且还取决于另一个输入变量，即信号因子。田口动态设计的目标是找到用于在输入信号范围内优化系统的质量特征的控制因子设置。

例如，减速量是刹车性能的度量。信号因子是刹车踏板的压下程度。当驾驶员向下踩刹车踏板时，减速度就会不断增大。踏板压下的程度对减速度具有显著效应。由于不存在最优的踏板压下设置，因此将其作为控制因子进行检验没有任何意义。不过，工程师需要设计一个刹车系统，通过刹车踏板压下的范围产生最有效且可变数量最小的减速度。

静态田口设计是不考虑信号因子，只考虑两种噪声因子N1和N2这两种可控因子的正交试验。例如，某研发工程师设计一个新产品，为验证其可靠性，进行老化室（N1）试验和正常环境温度（N2）测试比较，看出新产品在可控因子A、B、C组合条件下对噪声因子不敏感，而产品可靠性最优秀。如下表5-2所示。

A	B	C	N1	N2
1	1	1		
1	2	2		
2	1	2		
2	2	1		

表5-2 三因子静态田口试验设计

5.2.2 静态田口试验设计案例

某研究所设计一种新产品需要镀金，为保证镀层均匀（50um），进行了18次试验。新产品在两种不同电镀槽位置：侧位（N1）和中心（N2）。影响镀层厚度的可控因子有八个：金浓度2水平（A）、电流密度3水平（B）、温度3水平（C）、速度3水平（D）、阳极尺寸3水平（E）、负荷量3水平（F）、PH值3水平（G）、镍浓度3水平（H）。试验结果如下表5-3所示。

A	B	C	D	E	F	G	H	y1	y2	y3	y4
1	1	1	1	1	1	1	1	83	88	90	91
1	1	2	2	2	2	2	2	73	72	83	81
1	1	3	3	3	3	3	3	57	58	65	69
1	2	1	1	2	2	3	3	55	59	61	67
1	2	2	2	3	3	1	1	73	75	76	79
1	2	3	3	1	1	2	2	58	60	68	72
1	3	1	2	1	3	2	3	44	49	55	58
1	3	2	3	2	1	3	1	50	54	57	64
1	3	3	1	3	2	1	2	64	65	66	68
2	1	1	3	3	2	2	1	74	79	86	64
2	1	2	1	1	3	3	2	75	78	90	94
2	1	3	2	2	1	1	3	70	76	52	88
2	2	1	2	3	1	3	2	71	80	87	95
2	2	2	3	1	2	1	3	48	56	59	65
2	2	3	1	2	3	2	1	66	67	79	86
2	3	1	3	2	3	1	2	45	53	58	64
2	3	2	1	3	1	2	3	60	67	66	73
2	3	3	2	1	2	3	1	57	65	79	83

表5-3 八因子田口试验设计

我们将试验结果转化成信噪比后，如表5-4所示。

A	B	C	D	E	F	G	H	noise1	noise2
1	1	1	1	1	1	1	1	27.6702	42.1433
1	1	2	2	2	2	2	2	40.2171	35.2660
1	1	3	3	3	3	3	3	38.2037	27.4906
1	2	1	1	2	2	3	3	26.0866	23.5709
1	2	2	2	3	3	1	1	34.3743	31.2539
1	2	3	3	1	1	2	2	32.4067	27.8711
1	3	1	2	1	3	2	2	22.3800	28.5088
1	3	2	3	2	1	3	1	25.2892	21.7434
1	3	3	1	3	2	1	2	39.2015	33.5112
2	1	1	3	3	2	2	1	26.7041	13.6631
2	1	2	1	1	3	3	2	31.1411	30.2449
2	1	3	2	2	1	1	3	24.7137	8.7862
2	2	1	2	3	1	3	2	21.4844	24.1293
2	2	2	3	1	2	1	3	19.2686	23.2951
2	2	3	1	2	3	2	1	39.4667	24.4374
2	3	1	3	2	3	1	2	18.7524	23.1539
2	3	2	1	3	1	2	3	22.1638	22.9480
2	3	3	2	1	2	3	1	20.6551	29.1388

表5-4 田口试验分析表

5.2.3　静态田口试验设计结果分析

1. 信噪比的分析

田口分析:noise1, noise2 与 A, B, C, D, E, F, G, H

线性模型分析:信噪比 与 A, B, C, D, E, F, G, H

信噪比 的模型系数估计

项	系数	系数标准误	T	P
常量	17.6453	1.196	14.754	0.005
A 1	0.5539	1.196	0.463	0.689
B 1	-2.9776	1.691	-1.761	0.220
B 2	1.4481	1.691	0.856	0.482
C 1	-1.9755	1.691	-1.168	0.363
C 2	6.8388	1.691	4.044	0.056
D 1	3.7086	1.691	2.193	0.160
D 2	-1.4775	1.691	-0.874	0.474
E 1	0.5260	1.691	0.311	0.785
E 2	-2.2178	1.691	-1.311	0.320
F 1	0.1745	1.691	0.103	0.927
F 2	-1.0944	1.691	-0.647	0.584
G 1	-2.5275	1.691	-1.494	0.274
G 2	-0.3054	1.691	-0.181	0.873
H 1	-3.9328	1.691	-2.325	0.146
H 2	4.2249	1.691	2.498	0.130

S = 5.074　R-Sq = 95.1%　R-Sq(调整) = 58.6%

对于 信噪比 的方差分析

来源	自由度	Seq SS	Adj SS	Adj MS	F	P
A	1	5.52	5.523	5.523	0.21	0.689
B	2	79.81	79.815	39.907	1.55	0.392
C	2	445.94	445.944	222.972	8.66	0.104
D	2	125.49	125.489	62.744	2.44	0.291
E	2	48.34	48.345	24.172	0.94	0.516
F	2	12.45	12.446	6.223	0.24	0.805
G	2	87.04	87.041	43.521	1.69	0.372
H	2	200.41	200.410	100.205	3.89	0.204
残差误差	2	51.49	51.489	25.745		
合计	17	1056.50				

2. 均值的分析

线性模型分析:均值 与 A, B, C, D, E, F, G, H

均值的模型系数估计

项	系数	系数标准误	T	P
常量	27.2593	1.331	20.475	0.002
A 1	3.6956	1.331	2.776	0.109
B 1	1.5943	1.883	0.847	0.486
B 2	0.0444	1.883	0.024	0.983
C 1	-2.4054	1.883	-1.278	0.330
C 2	0.8411	1.883	0.447	0.699
D 1	2.9562	1.883	1.570	0.257
D 2	-0.5170	1.883	-0.275	0.809
E 1	0.6343	1.883	0.337	0.768
E 2	-1.3023	1.883	-0.692	0.561
F 1	-2.1469	1.883	-1.140	0.372
F 2	0.2889	1.883	0.153	0.892
G 1	-0.0823	1.883	-0.044	0.969
G 2	0.7434	1.883	0.395	0.731
H 1	0.7857	1.883	0.417	0.717
H 2	2.5223	1.883	1.340	0.312

S = 5.649   R-Sq = 90.4%   R-Sq(调整) = 18.1%

对于均值的方差分析

来源	自由度	Seq SS	Adj SS	Adj MS	F	P
A	1	245.835	245.835	245.835	7.70	0.109
B	2	31.377	31.377	15.689	0.49	0.670
C	2	53.642	53.642	26.821	0.84	0.543
D	2	89.734	89.734	44.867	1.41	0.416
E	2	15.268	15.268	7.634	0.24	0.807
F	2	48.868	48.868	24.434	0.77	0.566
G	2	5.979	5.979	2.990	0.09	0.914
H	2	107.532	107.532	53.766	1.69	0.372
残差误差	2	63.812	63.812	31.906		
合计	17	662.048				

3. 标准差的分析

线性模型分析:标准差 与 A, B, C, D, E, F, G, H

标准差的模型系数估计

项	系数	系数标准误	T	P
常量	4.7498	0.4939	9.616	0.011
A 1	-0.3756	0.4939	-0.760	0.526
B 1	2.3216	0.6985	3.324	0.080
B 2	-0.9935	0.6985	-1.422	0.291
C 1	0.3420	0.6985	0.490	0.673
C 2	-2.7081	0.6985	-3.877	0.061
D 1	-0.1077	0.6985	-0.154	0.892
D 2	0.1124	0.6985	0.161	0.887
E 1	-0.2073	0.6985	-0.297	0.795
E 2	0.7151	0.6985	1.024	0.414
F 1	0.1895	0.6985	0.271	0.812
F 2	-0.1879	0.6985	-0.269	0.813
G 1	0.8646	0.6985	1.238	0.341
G 2	0.4911	0.6985	0.703	0.555
H 1	2.0495	0.6985	2.934	0.099
H 2	-2.0251	0.6985	-2.899	0.101

S = 2.096   R-Sq = 95.8%   R-Sq(调整) = 64.6%

对于标准差的方差分析

来源	自由度	Seq SS	Adj SS	Adj MS	F	P
A	1	2.539	2.5393	2.5393	0.58	0.526
B	2	48.842	48.8422	24.4211	5.56	0.152
C	2	78.293	78.2929	39.1464	8.91	0.101
D	2	0.146	0.1455	0.0728	0.02	0.984
E	2	4.873	4.8733	2.4366	0.55	0.643
F	2	0.427	0.4274	0.2137	0.05	0.954
G	2	16.960	16.9600	8.4800	1.93	0.341
H	2	49.811	49.8109	24.9054	5.67	0.150
残差误差	2	8.783	8.7829	4.3914		
合计	17	210.674				

5.2.4 静态田口试验设计因子图分析

1. 信噪比因子图分析

```
信噪比响应表
望目 (10*Log10(Ybar**2/s**2))

水平      A        B        C        D        E        F        G        H
1       18.20    14.67    15.67    21.35    18.17    17.82    15.12    13.71
2       17.09    19.09    24.48    16.17    15.43    16.55    17.34    21.87
3                19.17    12.78    15.41    19.34    18.57    20.48    17.35
Delta    1.11     4.51    11.70     5.94     3.91     2.01     5.36     8.16
排秩       8        5        1        3        6        7        4        2
```

信噪比因子图，如图5-1所示。

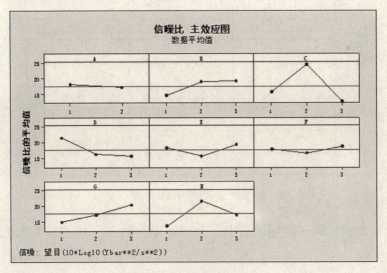

图5-1 信噪比因子图

从信噪比因子图可以知道，A1B3C2D1E3F3G3H2组合，信噪比最大。

2. 均值因子图分析

均值响应表

水平	A	B	C	D	E	F	G	H
1	30.95	28.85	24.85	30.22	27.89	25.11	27.18	28.04
2	23.56	27.30	28.10	26.74	25.96	27.55	28.00	29.78
3		25.62	28.82	24.82	27.93	29.12	26.60	23.95
Delta	7.39	3.23	3.97	5.40	1.97	4.00	1.40	5.83
排秩	1	6	5	3	7	4	8	2

均值的因子图，如图5-2所示。

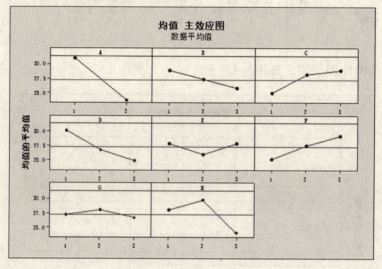

图5-2 均值的因子图

从均值的因子图可以看出，A、H、D、F、C、D、E、G依次对均值有影响。

3. 标准差因子图分析

标准差响应表

水平	A	B	C	D	E	F	G	H
1	4.374	7.071	5.092	4.642	4.542	4.939	5.614	6.799
2	5.125	3.756	2.042	4.862	5.465	4.562	5.241	2.725
3		3.422	7.116	4.745	4.242	4.748	3.394	4.725
Delta	0.751	3.650	5.074	0.220	1.223	0.377	2.220	4.075
排秩	6	3	1	8	5	7	4	2

标准差因子图，如图5-3所示。

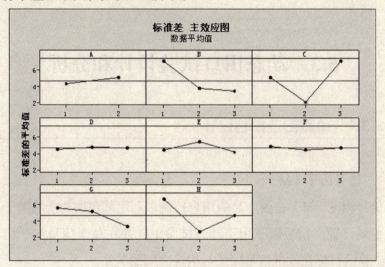

图5-3 标准差因子图

从标准差因子图可以看出，C、H、B、G、E、A、F、D依次影响镀层的厚度。

5.2.5 静态田口试验设计结果预测

田口分析：noise1, noise2 与 A, B, C, D, E, F, G, H

预测值

信噪比	均值	标准差	Ln(StDev)
39.9457	37.5006	-3.65987	-0.902813

预测的因子水平

A	B	C	D	E	F	G	H
1	3	2	1	3	3	3	2

5.3　动态田口试验设计和分析

5.3.1　动态田口试验设计

1．信号因子（M）

信号因子（M）是由产品的用户控制以利用其预期功能的因子，具有一系列设置。信号因子用于动态试验中，并在每个信号水平测量响应。试验的目标是改进信号因子与响应之间的关系。

油门位置就是信号因子的示例之一。响应（车速）应与施加于油门的压力大小保持一致的关系。

2．基本模型

动态田口试验设计基本模型，可以用下式表示：

$y=f(C，1．M)+\varepsilon$

式中：C是可控因子；M是信号因子；ε 是均值为0，方差为 σ_2 的常量。

一般线性关系：

$f(C0，1．M)=\alpha+\beta M$

零点比例关系：

$f(C0，1．M)=\beta M$

式中：β 是灵敏度，灵敏度越大越好，对信号因子做微小的改变，Y能够及时传递其响应。

3．动态田口试验设计阵列

我们以汽车刹车距离来研究：油门位置就是信号因子（M），有四个档位：（1,2,3,4），两个可控因子为车速（A）和发动机功率

（B），在两种不同气候条件（N1，1．N2）下，在同一道路上的刹车距离研究，就可以得到动态田口试验设计的阵列，如下表5-5所示。

A	B	信号	N1	N2
1	1	1		
1	1	2		
1	1	3		
1	1	4		
1	2	1		
1	2	2		
1	2	3		
1	2	4		
2	1	1		
2	1	2		
2	1	3		
2	1	4		
2	2	1		
2	2	3		
2	2	4		

表5-5 动态田口试验设计

5.3.2 动态田口试验设计案例

某科研机构设计了一个飞控系统，为了验证飞控系统的可靠性和灵敏度，设计了一个4因子混合水平的动态田口试验设计，信号因子为3水平：驾驶杆（1）、脚蹬（2）、油门杆（3），可控因子传感器为2水平（A）、飞控计算机为2水平（B）、作动器为3水平（C）、自测试装置为3水平（D），在两种不同气象条件（N1，1．N2）下进行测试，其试验结果如下表5-6所示。

	A	B	C	D	信号	N1	N2
1	1	1	1	1	1	30.6116	59.4407
2	1	1	1	1	2	36.9696	59.7352
3	1	1	1	1	3	37.9496	50.9621
4	1	1	2	2	1	32.5489	51.3619
5	1	1	2	2	2	36.2743	55.1547
6	1	1	2	2	3	31.1999	51.2158
7	1	1	3	3	1	37.5476	51.3913
8	1	1	3	3	2	38.9986	54.8403
9	1	1	3	3	3	35.6006	54.6180
10	1	1	1	1	1	31.3319	52.9711
11	1	1	1	1	2	39.8056	56.2896
12	1	1	1	1	3	36.2616	51.8354
13	1	1	2	2	1	32.8259	57.6341
14	1	1	2	2	2	33.4789	50.4303
15	1	1	2	2	3	31.8570	58.8849
16	1	1	3	3	1	32.4000	52.6903
17	1	1	3	3	2	37.0386	50.0932
18	1	1	3	3	3	30.4852	52.5498
19	1	1	1	1	1	30.1134	58.4766
20	1	1	1	1	2	31.6362	54.5411
21	1	1	1	1	3	30.4840	58.6545
22	1	1	2	2	1	31.0746	51.7724
23	1	1	2	2	2	31.4417	54.0760
24	1	1	2	2	3	30.2879	58.6437
25	1	1	3	3	1	38.3654	53.5937
	A	B	C	D	信号	N1	N2
26	1	1	3	3	2	32.1544	50.4320
27	1	1	3	3	3	38.5185	58.4912
28	1	2	1	1	1	30.8525	50.7241
29	1	2	1	1	2	37.5183	56.7285
30	1	2	1	1	3	36.2570	52.9186
31	1	2	2	2	1	38.9678	59.2267
32	1	2	2	2	2	37.6393	50.3520
33	1	2	2	2	3	34.0458	58.5549
34	1	2	3	3	1	33.0923	50.9431
35	1	2	3	3	2	34.8650	58.8354
36	1	2	3	3	3	32.3654	56.7718
37	1	2	1	2	1	30.9022	51.0262
38	1	2	1	2	2	31.7572	51.0490
39	1	2	1	2	3	39.6636	54.0385
40	1	2	2	3	1	34.9695	54.9301
41	1	2	2	3	2	39.2116	54.1098
42	1	2	2	3	3	38.0211	59.7236
43	1	2	3	1	1	38.3369	51.2963
44	1	2	3	1	2	30.4195	50.2235
45	1	2	3	1	3	35.9643	54.2409
46	1	2	1	2	1	37.9420	59.5189
47	1	2	1	2	2	36.0208	53.3090
48	1	2	1	2	3	38.6557	51.6399
49	1	2	2	3	1	34.3980	59.0628
50	1	2	2	3	2	39.7315	51.6717

	A	B	C	D	信号	N1	N2
51	1	2	2	3	3	32.7911	54.3706
52	1	2	3	1	1	38.4768	57.7074
53	1	2	3	1	2	34.0306	50.2632
54	1	2	3	1	3	39.0151	51.2380
55	2	1	1	2	1	30.8574	50.2687
56	2	1	1	2	2	31.3143	50.7236
57	2	1	1	2	3	39.0125	51.5976
58	2	1	2	3	1	37.0212	54.1331
59	2	1	2	3	2	37.1807	53.4677
60	2	1	2	3	3	39.4661	54.0917
61	2	1	3	1	1	32.4314	55.6241
62	2	1	3	1	2	36.8236	59.2072
63	2	1	3	1	3	33.0594	52.6023
64	2	1	1	2	1	39.7558	58.4511
65	2	1	1	2	2	35.9141	55.9514
66	2	1	1	2	3	34.1821	54.7191
67	2	1	2	3	1	31.0121	58.3841
68	2	1	2	3	2	30.1339	59.5676
69	2	1	2	3	3	39.8611	53.8312
70	2	1	3	1	1	37.3830	55.1308
71	2	1	3	1	2	35.5439	53.9203
72	2	1	3	1	3	39.0820	51.1196
73	2	1	1	3	1	30.6246	51.9161
74	2	1	1	3	2	30.3178	59.7712
75	2	1	1	3	3	37.5497	51.2720

	A	B	C	D	信号	N1	N2
76	2	1	2	1	1	36.9615	51.3688
77	2	1	2	1	2	37.8994	53.0657
78	2	1	2	1	3	36.2223	50.8880
79	2	1	3	2	1	31.0751	54.9800
80	2	1	3	2	2	31.9371	57.5655
81	2	1	3	2	3	30.0987	54.0272
82	2	2	1	3	1	34.4768	54.8111
83	2	2	1	3	2	32.6705	51.1584
84	2	2	1	3	3	37.7906	59.7746
85	2	2	2	1	1	32.1373	50.4703
86	2	2	2	1	2	37.7690	50.4730
87	2	2	2	1	3	32.7084	52.5157
88	2	2	3	2	1	30.9798	55.7677
89	2	2	3	2	2	33.4563	56.7146
90	2	2	3	2	3	38.3225	54.4594
91	2	2	1	3	1	32.7946	54.9665
92	2	2	1	3	2	39.6403	51.6380
93	2	2	1	3	3	34.5525	55.8782
94	2	2	2	1	1	36.8040	54.6153
95	2	2	2	1	2	33.0725	53.4128
96	2	2	2	1	3	36.8898	51.9531
97	2	2	3	2	1	39.6809	54.4652
98	2	2	3	2	2	38.2717	57.9011
99	2	2	3	2	3	32.0858	52.6400
100	2	2	1	3	1	34.4287	52.4037

	A	B	C	D	信号	N1	N2
101	2	2	1	3	2	33.1422	56.0380
102	2	2	1	3	3	35.7177	55.5708
103	2	2	2	1	1	35.2828	57.3975
104	2	2	2	1	2	33.9865	54.9220
105	2	2	2	1	3	36.0398	54.9649
106	2	2	3	2	1	33.2983	52.6274
107	2	2	3	2	2	30.6373	54.7585
108	2	2	3	2	3	37.3753	54.3686

表5-6 4因子混合水平

5.3.3 动态田口试验设计和分析

田口分析:N1,N2 与 A,B,C,D

线性模型分析:信噪比 与 A,B,C,D

信噪比的模型系数估计

```
项        系数    系数标准误       T       P
常量  -0.61417    0.1036    -5.929   0.000
A 1   -0.01435    0.1099    -0.131   0.898
B 1   -0.10243    0.1099    -0.932   0.371
C 1    0.18621    0.1465     1.271   0.230
C 2   -0.03612    0.1465    -0.247   0.810
D 1    0.07428    0.1465     0.507   0.622
D 2   -0.24405    0.1465    -1.666   0.124
```

S = 0.4395   R-Sq = 33.9%   R-Sq（调整）= 0.0%

对于信噪比的方差分析

```
来源      自由度   Seq SS    Adj SS    Adj MS       F      P
A           1    0.00705   0.00330   0.003296   0.02   0.898
B           1    0.16788   0.16788   0.167877   0.87   0.371
C           2    0.35103   0.35103   0.175513   0.91   0.431
D           2    0.56342   0.56342   0.281709   1.46   0.274
残差误差    11    2.12473   2.12473   0.193157
合计        17    3.21410
```

线性模型分析：斜率 与 A，B，C，D

斜率的模型系数估计

项	系数	系数标准误	T	P
常量	19.1653	0.08064	237.652	0.000
A 1	0.0203	0.08554	0.238	0.816
B 1	-0.1178	0.08554	-1.377	0.196
C 1	0.0053	0.11405	0.046	0.964
C 2	0.1221	0.11405	1.071	0.307
D 1	-0.0772	0.11405	-0.677	0.512
D 2	-0.1108	0.11405	-0.971	0.352

S = 0.3421 R-Sq = 38.2% R-Sq（调整）= 4.4%

对于斜率的方差分析

来源	自由度	Seq SS	Adj SS	Adj MS	F	P
A	1	0.06398	0.00662	0.006625	0.06	0.816
B	1	0.22210	0.22210	0.222098	1.90	0.196
C	2	0.18707	0.18707	0.093536	0.80	0.474
D	2	0.32150	0.32150	0.160748	1.37	0.294
残差误差	11	1.28770	1.28770	0.117064		
合计	17	2.08235				

线性模型分析：标准差 与 A，B，C，D

标准差的模型系数估计

项	系数	系数标准误	T	P
常量	20.5889	0.2592	79.440	0.000
A 1	0.0585	0.2749	0.213	0.835
B 1	0.1110	0.2749	0.404	0.694
C 1	-0.4430	0.3665	-1.209	0.252
C 2	0.2197	0.3665	0.599	0.561
D 1	-0.2719	0.3665	-0.742	0.474
D 2	0.4818	0.3665	1.315	0.215

S = 1.100 R-Sq = 23.4% R-Sq（调整）= 0.0%

对于标准差的方差分析

来源	自由度	Seq SS	Adj SS	Adj MS	F	P
A	1	0.0083	0.0548	0.05478	0.05	0.835
B	1	0.1970	0.1970	0.19703	0.16	0.694
C	2	1.7665	1.7665	0.88325	0.73	0.504
D	2	2.1007	2.1007	1.05036	0.87	0.446
残差误差	11	13.3000	13.3000	1.20909		
合计	17	17.3726				

5.3.4　动态田口试验设计因子图

```
信噪比响应表
动态响应

水平        A         B         C         D
1       -0.5944   -0.7118   -0.4280   -0.5399
2       -0.6340   -0.5165   -0.6503   -0.8582
3                           -0.7643   -0.4444
Delta    0.0396    0.1953    0.3363    0.4138
排秩         4         3         2         1
```

信噪比因子图分析，如图5-4所示。

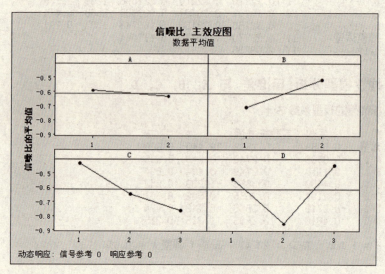

图5-4 信噪比因子图

从信噪比因子图可知，A1B2C1D3信噪比最大。

斜率响应表

水平	A	B	C	D
1	19.22	19.04	19.17	19.09
2	19.11	19.29	19.29	19.05
3			19.04	19.35
Delta	0.12	0.25	0.25	0.30
排秩	4	3	2	1

斜率因子图，如图5-5所示。

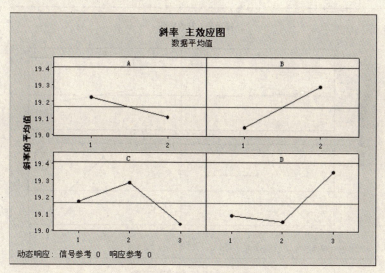

图5-5 斜率因子图

从斜率因子图可知，A1B2C2D3因子组合影响最大。

标准差响应表

水平	A	B	C	D
1	20.61	20.68	20.15	20.32
2	20.57	20.50	20.81	21.07
3			20.81	20.38
Delta	0.04	0.18	0.67	0.75
排秩	4	3	2	1

标准差因子图，如图5-6所示。

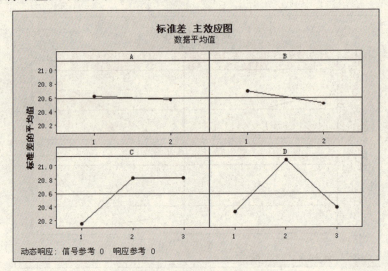

图5-6 标准差因子图

从标准差因子可知，A2B2C1D1因子组合标准差越小。

5.3.5 动态田口试验设计预测结果

从上面分析可知，A1B2D3是最佳组合，C因子可以调整来分析最佳组合：

田口分析:N1，N2 与 A，B，C，D

预测值

信噪比	斜率	标准差	Ln(StDev)
-0.170109	19.4968	19.8834	2.98994

预测的因子水平

A	B	C	D
1	2	1	3

田口分析:N1，N2 与 A，B，C，D

预测值

信噪比	斜率	标准差	Ln(StDev)
-0.392430	19.6137	20.5462	3.02137

预测的因子水平

A	B	C	D
1	2	2	3

田口分析:N1，N2 与 A，B，C，D

预测值

信噪比	斜率	标准差	Ln(StDev)
-0.506406	19.3641	20.5498	3.02164

预测的因子水平

A	B	C	D
1	2	3	3

从上面分析可知：A1B2C1D3是最佳组合。

5.4 新产品稳健设计及优化

5.4.1 新产品稳健设计

　　某化工企业研究了一个新产品Y特性，它与温度（A）、压力（B）、催化剂（C）三个水平有关，开发人员用田口试验设计进行了试验，其试验结果如下表5-7所示。

A	B	C	Y
1	1	1	0.30
1	2	2	0.40
1	3	3	0.50
2	1	2	0.35
2	2	3	0.34
2	3	1	0.55
3	1	3	0.32
3	2	1	0.46
3	3	2	0.56

表5-7 3因子田口试验设计

5.4.2 新产品稳健设计分析

响应曲面回归: Y 与 A, B, C

分析是使用已编码单位进行的。

Y 的估计回归系数

项	系数	系数标准误	T	P
常量	0.42000	0.01087	38.640	0.000
A	0.02333	0.01331	1.753	0.140
B	0.10667	0.01331	8.013	0.000
C	-0.02500	0.01331	-1.878	0.119

S = 0.0326088 PRESS = 0.0140072
R-Sq = 93.40% R-Sq(预测) = 82.62% R-Sq(调整) = 89.45%

对于 Y 的方差分析

来源	自由度	Seq SS	Adj SS	Adj MS	F	P
回归	3	0.075283	0.075283	0.025094	23.60	0.002
线性	3	0.075283	0.075283	0.025094	23.60	0.002
残差误差	5	0.005317	0.005317	0.001063		
合计	8	0.080600				

5.4.3 新产品稳健设计残差分析

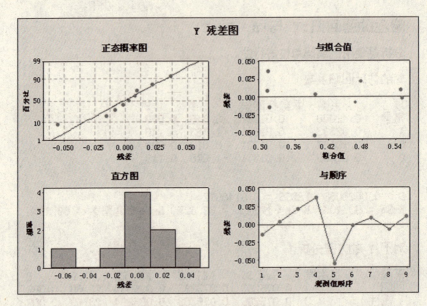

图5-7 残差图

从残差分析图可知，残差服从正态分布，残差与拟合值无异常情形，模型拟合良好。

5.4.4　新产品稳健设计等值线和曲面图

等值线图，如图5-8所示。

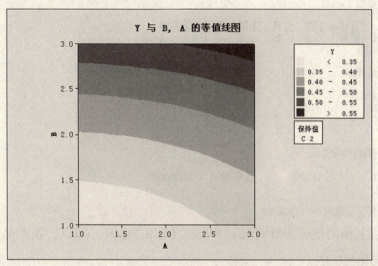

图5-8 等值线图

曲面图，如图5-9所示。

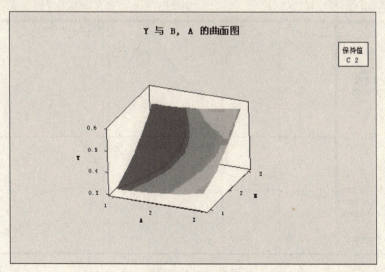

图5-9 曲面图

5.4.5　新产品稳健设计优化设计

响应优化

参数

	目标	下限	望目	上限	权重	重要性
Y	望目	0.3	0.45	0.6	1	1

全局解

```
A  =          2
B  =    2.34209
C  =          1
```

预测的响应

```
Y  =   0.450000  ,   合意性  =   1.000000
```

复合合意性 = 1.000000

从上面的优化设计可知：A取2，B取2.34209，C取1，新产品特性能够优化到0.45.

优化图，如图5-10所示。

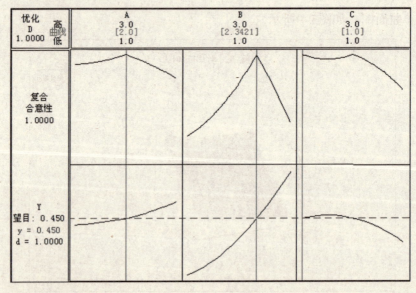

图5-10 优化图

第六章

混料试验设计和分析

本章将介绍以下内容

- 混料试验设计概述

- 混料试验设计类型

- 单纯形质心试验设计和分析

- 单纯形格点试验设计和分析

- 极端顶点试验设计和分析

- 单纯形质心加过程变量的试验设计

- 单纯形格点加过程变量的试验设计

- 极端顶点加过程变量的试验设计

6.1 混料试验设计概述

6.1.1 混料试验概述

混料试验设计是一类特殊的响应曲面试验，其中所调查的产品由多种成分组成。设计这些试验很有用，因为工业环境下许多产品设计和开发活动都涉及配方或混料。在这些环境中，响应是混料中各种成分的比率的函数。例如，您可能正在开发一种由面粉、发酵粉、牛奶、鸡蛋和食用油制成的薄饼，或者可能正在开发混合四种化学成分的杀虫剂。

在最简单的混料试验中，响应（基于某些标准的产品质量或性能）取决于这些分量的相对比率。成分的量（以重量、体积或某些其他单位来度量）相加后得出标准总量。与此相反，在因子设计中，响应会因每个因子（输入变量）的数量而异。

6.1.2 混料试验类型

混料试验类型有三种：
◎混料试验；
◎混料总量(MA)试验；
◎混料过程变量(MPV)试验。

6.1.3　混料试验类型的区别

三种混料试验类型的区别，如下表6-1所示。

类型	响应取决于…	示例
混料	仅 取决于成分的相对比率。	柠檬水的口味 仅 取决于柠檬汁、糖和水的比率
混料总量	成分的相对比率 以及 混料的总量。	农作物的产量取决于杀虫剂成分的比率 以及 杀虫剂的施用量
混料过程变量	成分的相对比率 以及 过程变量。过程变量是非混料的一部分、但可能影响混料的混合属性的因子。	薄饼的口味取决于烘烤时间和烘烤温度，以及薄饼混合成分的比率

表6-1 三种混料试验设计

6.2　混料试验设计类型

6.2.1　混料试验设计类型

混料试验设计可以分为三类：

◎单纯形质心；

◎单纯形格点；

◎极端顶点设计。

6.2.2 单纯形质心

单纯形质心如图6-1所示。

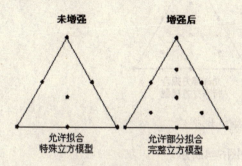

图6-1 单纯形质心

从单纯形质心可以看出，可以取（0，0，1）、(0，1.1，1.0)、（1，0，0）、（1/2，1/2，0）、（1/2，0，1/2）、（0，1/2，1/2）、（1/3，1/3，1/3）的点。

6.2.3 单纯形格点

1阶单单纯形格点，如图6-2所示。

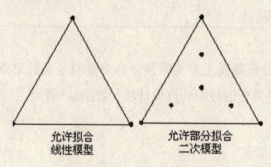

图6-2 1阶单单纯形格点

2阶单单纯形格点，如图6-3所示。

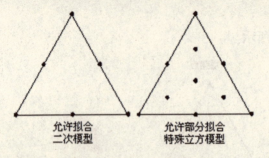

图6-3 2阶单单纯形格点

3阶单单纯形格点，如图6-4所示。

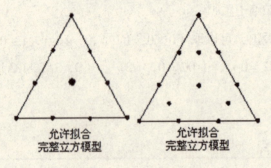

图6-4 3阶单单纯形格点

6.2.4 极端顶点设计

由于混料设计的各分量要受上下的限制，各分量间还有约束条件要满足，对这类型问题最简便的极端到点设计法，如图6-5所示。

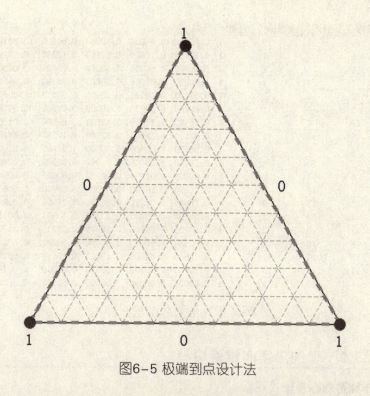

图6-5 极端到点设计法

6.3 单纯形质心试验设计和分析

6.3.1 单纯形质心试验设计案例

某医药研究所开发的新制剂，有A、B、C、D四种有效成分，为确定新药剂的Y特性，研发小组进行了单纯形质心试验设计，如下表6-2所示。

标准序	运行序	PtType	区组	A	B	C	D	y
10	1	2	1	0.00000	0.00000	0.50000	0.50000	0.0010
18	2	-1	1	0.12500	0.12500	0.62500	0.12500	0.0020
5	3	2	1	0.50000	0.50000	0.00000	0.00000	0.0030
1	4	1	1	1.00000	0.00000	0.00000	0.00000	0.0050
12	5	3	1	0.33333	0.33333	0.00000	0.33333	0.0060
3	6	1	1	0.00000	0.00000	1.00000	0.00000	0.0070
19	7	-1	1	0.12500	0.12500	0.12500	0.62500	0.0100
16	8	-1	1	0.62500	0.12500	0.12500	0.12500	0.0110
4	9	1	1	0.00000	0.00000	0.00000	1.00000	0.0120
2	10	1	1	0.00000	1.00000	0.00000	0.00000	0.0080
6	11	2	1	0.50000	0.00000	0.50000	0.00000	0.0090
9	12	2	1	0.00000	0.50000	0.00000	0.50000	0.0050
15	13	0	1	0.25000	0.25000	0.25000	0.25000	0.0080
14	14	3	1	0.00000	0.33333	0.33333	0.33333	0.0013
13	15	3	1	0.33333	0.00000	0.33333	0.33333	0.0025
8	16	2	1	0.00000	0.50000	0.50000	0.00000	0.0037
17	17	-1	1	0.12500	0.62500	0.12500	0.12500	0.0039
11	18	3	1	0.33333	0.33333	0.33333	0.00000	0.0040
7	19	2	1	0.50000	0.00000	0.00000	0.50000	0.0500

表6-2 单纯形质心试验设计

6.3.2 单纯形质心试验设计

单纯形质心设计

分量：　　　4　设计点数：　19
过程变量：　0　设计阶数：　　4

混料合计: 1.00000

每个维度的边界数

点类型　1　2　3　0
维度　　0　1　2　3
数字　　4　6　4　1

每个类型的设计点数数

点类型　1　2　3　4　0　-1
点数　　4　6　4　0　1　4
仿行　　1　1　1　0　1　1
合计数　4　6　4　0　1　4

混料分量的边界

分量	数量 下限	上限	比率 下限	上限	虚拟分量 下限	上限
A	0.0000	1.0000	0.0000	1.0000	0.0000	1.0000
B	0.0000	1.0000	0.0000	1.0000	0.0000	1.0000
C	0.0000	1.0000	0.0000	1.0000	0.0000	1.0000
D	0.0000	1.0000	0.0000	1.0000	0.0000	1.0000

6.3.3 单纯形设计图

单纯形设计图，如图6-6所示。

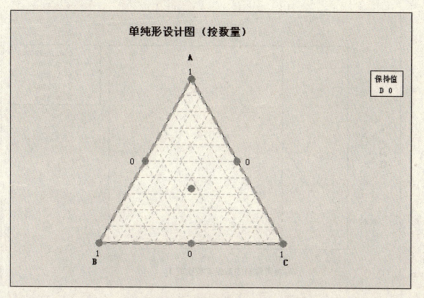

图6-6 单纯形设计图

6.3.4 单纯形质心试验设计分析

混料回归：y 与 A，B，C，D

y 的估计回归系数（分量比率）

项	系数	系数标准误	T	P	方差膨胀因子
A	0.00708	0.006730	*	*	2.405
B	0.00878	0.006730	*	*	2.405
C	0.00779	0.006730	*	*	2.405
D	0.01371	0.006730	*	*	2.405
A*B	-0.03264	0.029522	-1.11	0.298	1.860
A*C	-0.01333	0.029522	-0.45	0.662	1.860
A*D	0.11728	0.029522	3.97	0.003	1.860
B*C	-0.00965	0.029522	-0.33	0.751	1.860
B*D	-0.03784	0.029522	-1.28	0.232	1.860
C*D	-0.05853	0.029522	-1.98	0.079	1.860

S = 0.00697431   PRESS = 0.00451512
R-Sq = 78.68%   R-Sq（预测）= 0.00%   R-Sq（调整）= 57.36%

对于 y 的方差分析（分量比率）

来源	自由度	Seq SS	Adj SS	Adj MS	F	P
回归	9	0.001616	0.001616	0.000180	3.69	0.033
线性	3	0.000438	0.000029	0.000010	0.20	0.895
二次	6	0.001177	0.001177	0.000196	4.03	0.030
残差误差	9	0.000438	0.000438	0.000049		
合计	18	0.002053				

6.3.5　单纯形质心设计响应跟踪图

响应跟踪图，如图6-7所示。

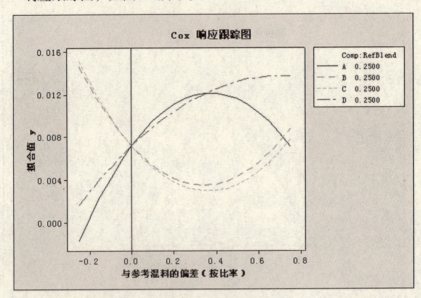

图6-7 响应跟踪图

6.3.6　单纯形质心设计等值线和曲面图

等值线图，如图6-8所示。

曲面图，如图6-9所示。

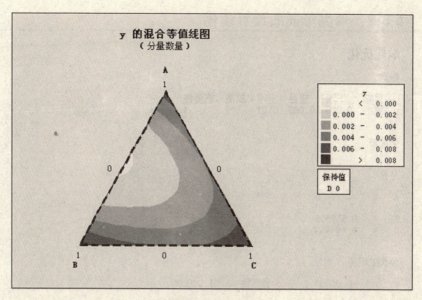

图6-8 等值线图

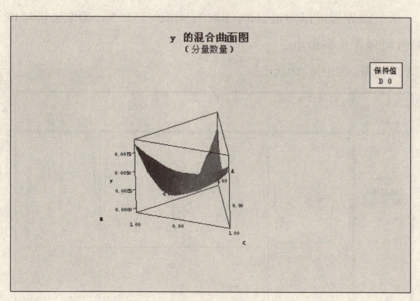

图6-9 曲面图

6.3.7 单纯形质心设计优化

响应优化

参数

	目标	下限	望目	上限	权重	重要性
y	望小	0.005	0.005	0.01	1	1

全局解

分量

A = 0
B = 0
C = 0.555556
D = 0.444444

预测的响应

y = -0.0040312 , 合意性 = 1.000000

复合合意性 = 1.000000

从上面分析可以知道，A、B取0，C取0.555556，D取0.444444，Y特性可以优化到最小。

优化图，如图6-10所示。

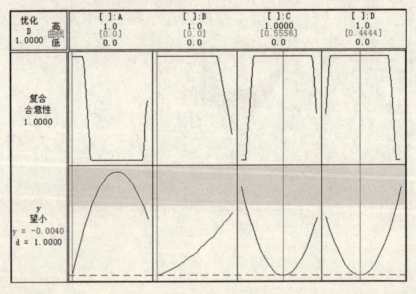

图6-10 优化图

6.4 单纯形格点试验设计和分析

6.4.1 单纯形格点试验设计案例

某企业研发部门开发了一种新纤维产品，它是由A、B、C三种化合物混合而成，为研究高拉伸强度纤维布，满足国防工业需要，研发人员用单纯形格点法进行试验设计，试验结果，如下表6-3所示。

标准序	运行序	PtType	区组	A	B	C	强度
5	1	−1	1	0.66667	0.16667	0.16667	12.5
1	2	1	1	1.00000	0.00000	0.00000	11.6
2	3	1	1	0.00000	1.00000	0.00000	7.8
3	4	1	1	0.00000	0.00000	1.00000	8.9
4	5	0	1	0.33333	0.33333	0.33333	10.5
6	6	−1	1	0.16667	0.66667	0.16667	13.7
7	7	−1	1	0.16667	0.16667	0.66667	16.8

表6-3 单纯形格点试验设计

6.4.2 单纯形格点试验设计和分析

单纯形格点设计

分量: 3 设计点数: 7
过程变量: 0 格点度: 1

混料合计: 1.00000

每个维度的边界数

点类型	1	2	0
维度	0	1	2
数字	3	3	1

每个类型的设计点数数

点类型	1	2	3	0	-1
点数	3	0	0	1	3
仿行	1	0	0	1	1
合计数	3	0	0	1	3

混料分量的边界

分量	数量 下限	数量 上限	比率 下限	比率 上限	虚拟分量 下限	虚拟分量 上限
A	0.0000	1.0000	0.0000	1.0000	0.0000	1.0000
B	0.0000	1.0000	0.0000	1.0000	0.0000	1.0000
C	0.0000	1.0000	0.0000	1.0000	0.0000	1.0000

混料回归: 强度 与 A, B, C

强度的估计回归系数(分量比率)

项	系数	系数标准误	T	P	方差膨胀因子
A	11.97	4.266	*	*	1.599
B	8.17	4.266	*	*	1.599
C	9.27	4.266	*	*	1.599
A*B	-20.65	48.380	-0.43	0.743	4.826
A*C	9.95	48.380	0.21	0.871	4.826
B*C	47.15	48.380	0.97	0.508	4.826

S = 4.28231   PRESS = 7745.67
R-Sq = 66.75%   R-Sq(预测) = 0.00%   R-Sq(调整) = 0.00%

对于强度的方差分析(分量比率)

来源	自由度	Seq SS	Adj SS	Adj MS	F	P
回归	5	36.8104	36.8104	7.3621	0.40	0.825
线性	2	4.6840	7.6467	3.8233	0.21	0.840
二次	3	32.1264	32.1264	10.7088	0.58	0.718
残差误差	1	18.3382	18.3382	18.3382		
合计	6	55.1486				

6.4.3 单纯形设计图

单纯形设计图，如图6-11所示。

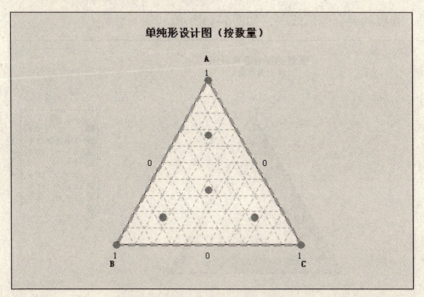

图6-11 单纯形设计图

6.4.4 响应跟踪图

响应跟踪图，如图6-12所示。

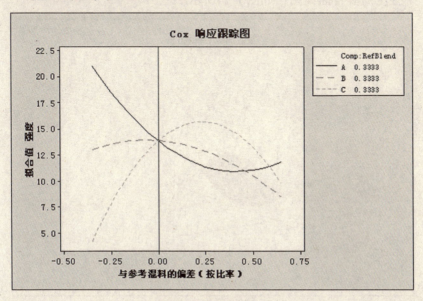

图6-12 响应跟踪图

6.4.5　单纯形格点试验设计等值线和曲面图

强度的混合等值线图，如图6-13所示。

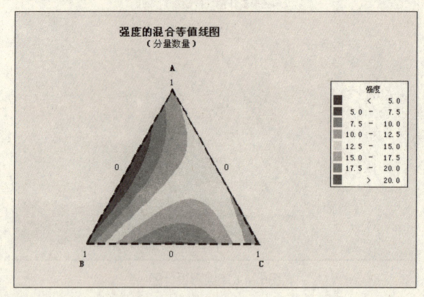

图 6-13

强度的混合曲面图，如图6-14所示。

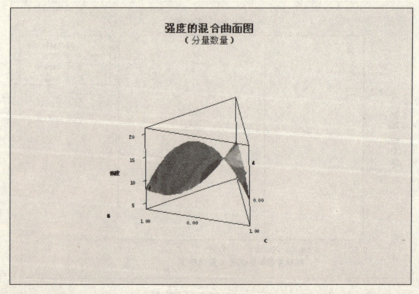

图6-14 曲面图

6.4.6　单纯形格点试验设计的优化

响应优化

参数

	目标	下限	望目	上限	权重	重要性
强度	望大	8	17	17	1	1

全局解

分量

```
A  =           0
B  =    0.484848
C  =    0.515152
```

预测的响应

强度 ＝ 20.5149 ，　合意性 ＝ 1.000000

复合合意性 ＝ 1.000000

　　从上面分析可知，B取0.484848，C取0.515152，纤维强度可以优化到20.5149。

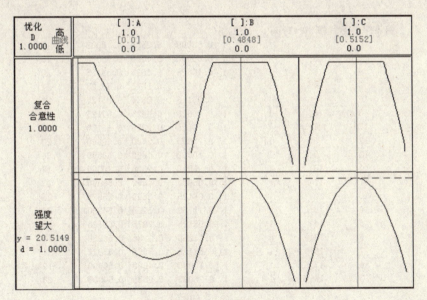

图6-15 优化图

6.5 极端顶点试验设计和分析

6.5.1 极端顶点试验设计案例

某企业研发的新车面漆配方是由单体(A)、交联剂（B）、树脂（C）组成，对比例成分有如下约束：

A+B+C=100

$5 \leqslant A \leqslant 25$

$25 \leqslant B \leqslant 40$

$50 \leqslant C \leqslant 70$

科研人员为了达到试验目的，使S特性最大化，用极端顶点混料进行试验设计，试验结果如下表6-4所示。

标准序	运行序	PtType	区组	A	B	C	S
10	1	1	1	0.05000	0.2500	0.70000	17
2	2	1	1	0.05000	0.4000	0.55000	18
9	3	-1	1	0.10625	0.3625	0.53125	22
8	4	-1	1	0.18125	0.2875	0.53125	34
15	5	-1	1	0.08125	0.2875	0.63125	21
18	6	-1	1	0.10625	0.3625	0.53125	35
17	7	-1	1	0.18125	0.2875	0.53125	36
12	8	1	1	0.25000	0.2500	0.50000	23
13	9	1	1	0.10000	0.4000	0.50000	26
1	10	1	1	0.05000	0.2500	0.70000	19
11	11	1	1	0.05000	0.4000	0.55000	20
16	12	-1	1	0.08125	0.3625	0.55625	25
14	13	0	1	0.11250	0.3250	0.56250	36
6	14	-1	1	0.08125	0.2875	0.63125	22
5	15	0	1	0.11250	0.3250	0.56250	32
7	16	-1	1	0.08125	0.3625	0.55625	31
4	17	1	1	0.10000	0.4000	0.50000	19
3	18	1	1	0.25000	0.2500	0.50000	23

表6-4 极端顶点试验设计

6.5.2 极端顶点试验设计

极端顶点设计

分量： 3 设计点数： 18
过程变量： 0 设计阶数： 1

混料合计： 1.00000

每个维度的边界数

点类型 1 2 0
维度 0 1 2
数字 4 4 1

每个类型的设计点数数

点类型 1 2 3 0 -1
点数 4 0 0 1 4
仿行 2 0 0 2 2
合计数 8 0 0 2 8

混料分量的边界

分量	数量		比率		虚拟分量	
	下限	上限	下限	上限	下限	上限
A	0.050000	0.250000	0.050000	0.250000	0.000000	1.000000
B	0.250000	0.400000	0.250000	0.400000	0.000000	0.750000
C	0.500000	0.700000	0.500000	0.700000	0.000000	1.000000

6.5.3 单纯形设计图

单纯形设计图，如图6-16所示。

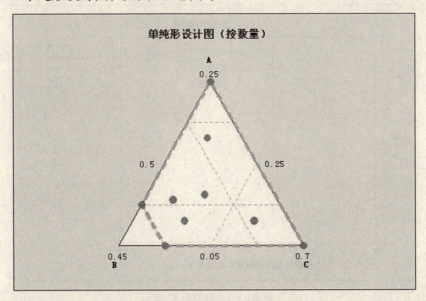

图6-16 单纯形设计图

6.5.4 极端顶点试验设计分析

混料回归：S 与 A, B, C

S 的估计回归系数（分量比率）

项	系数	系数标准误	T	P	方差膨胀因子
A	-284.1	613.72	*	*	5779
B	-761.3	553.06	*	*	31143
C	-149.6	87.92	*	*	2317
A*B	2283.8	1155.25	1.98	0.071	1806
A*C	53.3	1479.01	0.04	0.972	9385
B*C	1687.4	1155.25	1.46	0.170	41939

S = 4.38473　　PRESS = 469.477

R-Sq = 69.50%　　R-Sq（预测）= 37.94%　　R-Sq（调整）= 56.80%

对于 S 的方差分析（分量比率）

来源	自由度	Seq SS	Adj SS	Adj MS	F	P
回归	5	525.79	525.79	105.16	5.47	0.007
线性	2	121.30	335.33	167.66	8.72	0.005
二次	3	404.49	404.49	134.83	7.01	0.006
残差误差	12	230.71	230.71	19.23		
失拟	3	89.21	89.21	29.74	1.89	0.202
纯误差	9	141.50	141.50	15.72		
合计	17	756.50				

6.5.5 响应跟踪图分析

响应跟踪图，如图6-17所示。

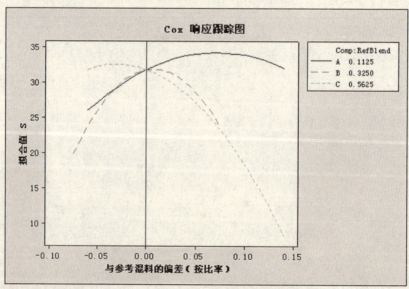

图6-17 响应跟踪图

6.5.6 极端顶点试验设计等值线和曲面图

S特性等值线图，如图6–18所示。

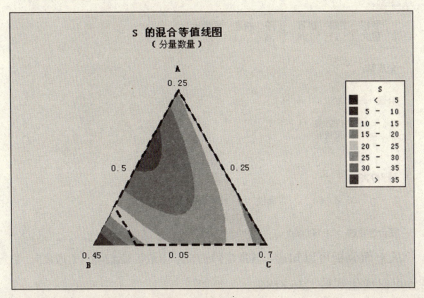

图6–18 等值线图

S特性曲面图，如图6–19所示。

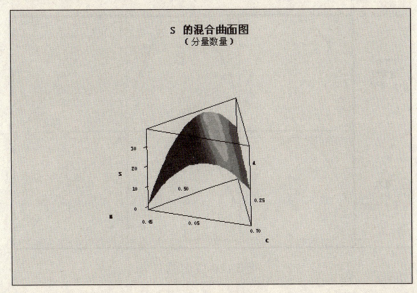

图6–19 曲面图

6.5.7 极端顶点试验设计优化

响应优化

参数

	目标	下限	望目	上限	权重	重要性
S	望大	17	36	36	1	1

全局解

分量

A = 0.175758
B = 0.324242
C = 0.5

预测的响应

S = 36.8186 , 合意性 = 1.000000

复合合意性 = 1.000000

从上面分析可以知道，A取0.175758，B取0.324242，C取0.5，1. S
特性可以优化到最大36.8186。

优化图，如图6-20所示。

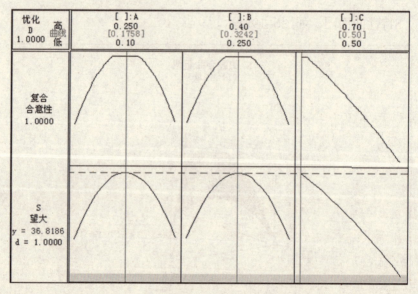

图6-20 优化图

6.6 单纯形质心加过程变量的试验设计

6.6.1 单纯形质心加过程变量的试验设计

某企业涂料研究配方为三种成分，在配料过程中搅拌速度和时间是两个重要因子，研发人员进行了单纯形质心混料试验设计，考虑到混料过程变量的影响小，进行了40次试验，试验结果如下表6-5所示。

标准序	运行序	PtType	区组	A	B	C	speed	time	Y
31	1	1	1	1.00000	0.00000	0.00000	1	1	79.7732
37	2	0	1	0.33333	0.33333	0.33333	1	1	64.3391
4	3	2	1	0.50000	0.50000	0.00000	-1	-1	40.4527
3	4	1	1	0.00000	0.00000	1.00000	-1	-1	29.9462
15	5	2	1	0.50000	0.00000	0.50000	-1	-1	16.0000
6	6	2	1	0.00000	0.50000	0.50000	-1	-1	14.8608
34	7	2	1	0.50000	0.50000	0.00000	1	1	77.4343
5	8	2	1	0.50000	0.00000	0.50000	-1	-1	42.7794
14	9	2	1	0.50000	0.50000	0.00000	1	-1	74.1230
30	10	-1	1	0.16667	0.16667	0.66667	-1	1	73.4181
18	11	-1	1	0.66667	0.16667	0.16667	-1	1	27.3559
16	12	-1	1	0.16667	0.16667	0.66667	1	-1	22.2971
7	13	0	1	0.33333	0.33333	0.33333	-1	-1	62.8169
19	14	-1	1	0.16667	0.66667	0.16667	1	-1	74.7262
39	15	-1	1	0.16667	0.66667	0.16667	1	1	41.6484
11	16	1	1	1.00000	0.00000	0.00000	1	-1	32.5119
24	17	2	1	0.50000	0.50000	0.00000	1	1	75.3025
27	18	0	1	0.33333	0.33333	0.33333	-1	1	44.9053
2	19	1	1	0.00000	1.00000	0.00000	-1	-1	32.6176
12	20	1	1	0.00000	1.00000	0.00000	1	-1	63.8855

标准序	运行序	PtType	区组	A	B	C	speed	time	Y
23	21	1	1	0.00000	0.00000	1.00000	-1	1	56.9912
1	22	1	1	1.00000	0.00000	0.00000	-1	-1	49.1053
38	23	-1	1	0.66667	0.16667	0.16667	1	1	73.7640
20	24	-1	1	0.16667	0.16667	0.66667	1	-1	59.4795
32	25	1	1	0.00000	1.00000	0.00000	1	1	58.5342
35	26	2	1	0.50000	0.00000	0.50000	1	1	64.6048
36	27	2	1	0.00000	0.50000	0.50000	1	1	38.6025
9	28	-1	1	0.16667	0.66667	0.16667	-1	-1	70.3956
29	29	-1	1	0.16667	0.66667	0.16667	-1	1	59.8286
13	30	1	1	0.00000	0.00000	1.00000	1	-1	42.8444
28	31	-1	1	0.66667	0.16667	0.16667	-1	1	33.9497
22	32	1	1	0.00000	1.00000	0.00000	-1	1	33.4895
26	33	2	1	0.00000	0.50000	0.50000	-1	1	56.0050
8	34	-1	1	0.66667	0.16667	0.16667	-1	-1	71.3762
40	35	-1	1	0.16667	0.16667	0.66667	1	1	37.2527
10	36	-1	1	0.16667	0.16667	0.66667	-1	-1	39.6970
25	37	2	1	0.50000	0.00000	0.50000	-1	1	77.8482
17	38	0	1	0.33333	0.33333	0.33333	1	-1	54.2872
33	39	1	1	0.00000	0.00000	1.00000	1	1	79.9313
21	40	1	1	1.00000	0.00000	0.00000	-1	1	57.3277

表6-5 单纯形过程变量试验

6.6.2 单纯形质心加过程变量的试验设计

单纯形质心设计

分量:　　　3　设计点数:　40
过程变量:　2　设计阶数:　3

混料合计: 1.00000

每个维度的边界数

```
点类型  1  2  0
维度    0  1  2
数字    3  3  1
```

每个类型的设计点数数

```
点类型   1   2   3   0  -1
点数    12  12   0   4  12
仿行     1   1   0   1   1
合计数  12  12   0   4  12
```

混料分量的边界

分量	数量 下限	上限	比率 下限	上限	虚拟分量 下限	上限
A	0.0000	1.0000	0.0000	1.0000	0.0000	1.0000
B	0.0000	1.0000	0.0000	1.0000	0.0000	1.0000
C	0.0000	1.0000	0.0000	1.0000	0.0000	1.0000

6.6.3 单纯形设计图

单纯形设计图，如图6-21所示。

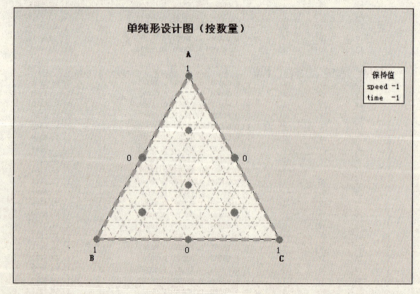

图6-21 单纯形设计图

6.6.4 单纯形质心加过程变量的主效应和交互效应图

过程变量的主效应图，如图6-22所示。

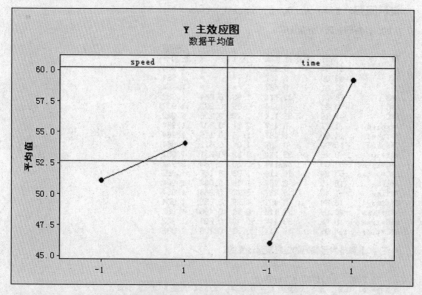

图6-22 因子主效应图

过程变量的交互效应图，如图6-23所示。

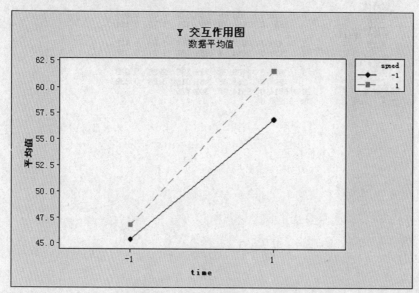

图6-23 因子的交互效应图

6.6.5　单纯形质心加过程变量的试验设计分析

混料回归：Y 与 A, B, C, speed, time

Y 的估计回归系数（分量比率）

项	系数	系数标准误	T	P	方差膨胀因子
A	51.54	8.487	*	*	1.964
B	49.00	8.487	*	*	1.964
C	52.81	8.487	*	*	1.964
A*B	76.31	39.114	1.95	0.064	1.982
A*C	-3.33	39.114	-0.09	0.933	1.982
B*C	-47.70	39.114	-1.22	0.236	1.982
A*speed	1.77	8.487	0.21	0.837	1.964
B*speed	11.90	8.487	1.40	0.175	1.964
C*speed	8.80	8.487	1.04	0.311	1.964
A*B*speed	8.46	39.114	0.22	0.831	1.982
A*C*speed	-53.09	39.114	-1.36	0.188	1.982
B*C*speed	-53.24	39.114	-1.36	0.187	1.982
A*time	15.19	8.487	1.79	0.087	1.964
B*time	-1.43	8.487	-0.17	0.868	1.964
C*time	16.89	8.487	1.99	0.059	1.964
A*B*time	-28.99	39.114	-0.74	0.466	1.982
A*C*time	-15.45	39.114	-0.40	0.697	1.982
B*C*time	-14.95	39.114	-0.38	0.706	1.982

* 注 * 系数是为已编码的过程变量计算的。

S = 17.5991　　PRESS = 21167.3
R-Sq = 51.12%　　R-Sq（预测）= 0.00%　　R-Sq（调整）= 13.34%

对于 Y 的方差分析（分量比率）

来源	自由度	Seq SS	Adj SS	Adj MS	F	P
回归	17	7125.6	7125.61	419.154	1.35	0.249
仅分量						
线性	2	475.7	33.15	16.577	0.05	0.948
二次	3	1651.2	1651.20	550.401	1.78	0.181
分量 * speed						
线性	3	493.1	928.96	309.654	1.00	0.412
二次	3	1154.3	1154.34	384.781	1.24	0.318
分量 * time						
线性	3	3090.3	2189.38	729.795	2.36	0.099
二次	3	261.0	261.05	87.016	0.28	0.839
残差误差	22	6814.0	6814.02	309.728		
合计	39	13939.6				

6.6.6 响应跟踪图

响应跟踪图，如图6-24所示。

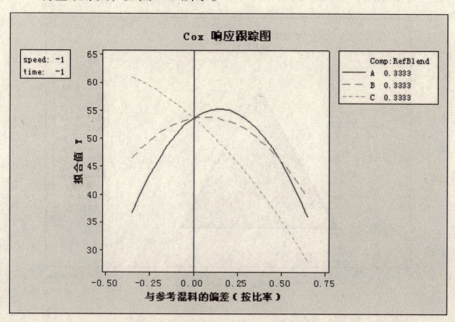

图6-24 响应跟踪图

6.6.7 单纯形质心加过程变量的试验设计等值线和曲面图

等值线图，如图6-25所示。

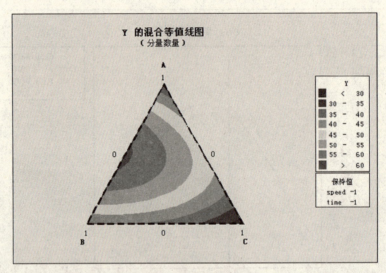

图6-25 等值线图

曲面图，如图6-26所示。

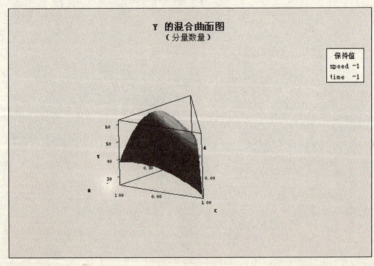

图6-26 曲面图

6.6.8　单纯形质心加过程变量的试验设计优化

响应优化

参数

	目标	下限	望目	上限	权重	重要性
Y	望大	10	80	80	1	1

全局解

分量

A　=　0.393585
B　=　0.606415
C　=　0

过程变量

speed　=　1
time　=　-1

预测的响应

Y　=　79.9563　,　合意性 =　0.999376

复合合意性 = 0.999376

　　从上面分析可知，A取0.393585，B取0.606415，过程变量Speed取高水平，time取低水平，Y特性可以优化到79.9563。

　　优化图，如图6-27所示。

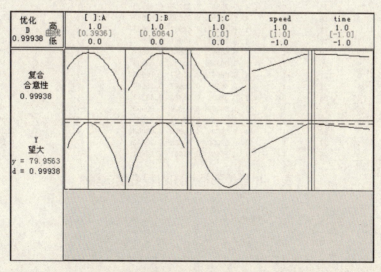

图6-27 优化图

6.7　单纯形格点加过程变量的试验设计

6.7.1　单纯形格点加过程变量的试验设计案例

某化工企业研发新产品是三种化合物混料而成，温度、压力是混合成型的两个重要过程变量，研发人员进行了单纯形格点混料试验，试验结果如下表6-6所示。

标准序	运行序	PtType	区组	A	B	C	temperature	pressure	P
19	1	-1	1	0.66667	0.16667	0.16667	-1	1	0.10
13	2	-1	1	0.16667	0.66667	0.16667	1	-1	0.20
23	3	1	1	0.00000	1.00000	0.00000	1	1	0.30
24	4	1	1	0.00000	0.00000	1.00000	1	1	0.40
28	5	-1	1	0.16667	0.16667	0.66667	1	1	0.25
14	6	-1	1	0.16667	0.16667	0.66667	1	-1	0.30
11	7	0	1	0.33333	0.33333	0.33333	1	-1	0.60
10	8	1	1	0.00000	0.00000	1.00000	1	-1	0.50
3	9	1	1	0.00000	0.00000	1.00000	-1	-1	0.45
22	10	1	1	1.00000	0.00000	0.00000	1	1	0.41
17	11	1	1	0.00000	0.00000	1.00000	-1	1	0.42
8	12	1	1	1.00000	0.00000	0.00000	1	-1	0.43
6	13	-1	1	0.16667	0.66667	0.16667	-1	-1	0.54
20	14	-1	1	0.16667	0.66667	0.16667	-1	1	0.15
25	15	0	1	0.33333	0.33333	0.33333	-1	1	0.16
1	16	1	1	1.00000	0.00000	0.00000	-1	-1	0.23
27	17	-1	1	0.16667	0.66667	0.16667	1	1	0.24
7	18	-1	1	0.16667	0.16667	0.66667	-1	-1	0.45
12	19	-1	1	0.66667	0.16667	0.16667	1	-1	0.56
9	20	1	1	0.00000	1.00000	0.00000	1	-1	0.57
5	21	-1	1	0.66667	0.16667	0.16667	-1	-1	0.58
26	22	-1	1	0.66667	0.16667	0.16667	1	1	0.36
4	23	0	1	0.33333	0.33333	0.33333	-1	-1	0.42
15	24	1	1	1.00000	0.00000	0.00000	-1	1	0.15
18	25	0	1	0.33333	0.33333	0.33333	-1	1	0.34
2	26	1	1	0.00000	1.00000	0.00000	-1	-1	0.26
16	27	1	1	0.00000	1.00000	0.00000	-1	1	0.27
21	28	-1	1	0.16667	0.16667	0.66667	-1	1	0.28

表6-6 单纯形格点加过程变量试验

6.7.2 单纯形格点加过程变量的试验设计

单纯形格点设计

分量: 3 设计点数: 28
过程变量: 2 格点度: 1

混料合计: 1.00000

每个维度的边界数

点类型 1 2 0
维度 0 1 2
数字 3 3 1

每个类型的设计点数数

点类型 1 2 3 0 -1
点数 12 0 0 4 12
仿行 1 0 0 1 1
合计数 12 0 0 4 12

混料分量的边界

分量	数量 下限	上限	比率 下限	上限	虚拟分量 下限	上限
A	0.0000	1.0000	0.0000	1.0000	0.0000	1.0000
B	0.0000	1.0000	0.0000	1.0000	0.0000	1.0000
C	0.0000	1.0000	0.0000	1.0000	0.0000	1.0000

6.7.3 单纯形设计图

单纯形设计图，如图6-28所示。

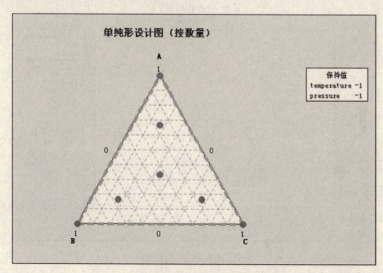

图6-28 单纯形设计图

6.7.4　过程变量主效应和交互效应

过程变量主效应图，如图6-29所示。

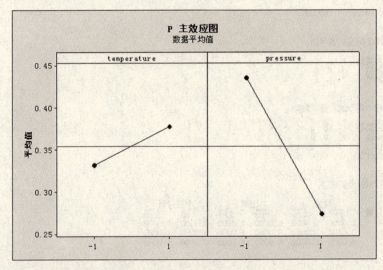

图6-29 主效应图

过程变量交互效应图，如图6-30所示。

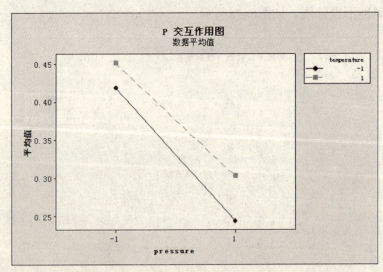

图6-30 交互效应图

6.7.5　单纯形格点加过程变量的试验设计分析

混料回归：P 与 A, B, C, temperature, pressure

P 的估计回归系数（分量比率）

项	系数	系数标准误	T	P	方差膨胀因子
A	0.301	0.05813	*	*	1.599
B	0.346	0.05813	*	*	1.599
C	0.439	0.05813	*	*	1.599
A*B	0.580	0.65924	0.88	0.399	4.826
A*C	0.475	0.65924	0.72	0.487	4.826
B*C	-1.205	0.65924	-1.83	0.098	4.826
A*temperature	0.112	0.05813	1.93	0.083	1.599
B*temperature	0.082	0.05813	1.41	0.189	1.599
C*temperature	0.004	0.05813	0.08	0.940	1.599
A*B*temperature	-0.300	0.65924	-0.45	0.659	4.826
A*C*temperature	0.375	0.65924	0.57	0.582	4.826
B*C*temperature	-0.915	0.65924	-1.39	0.195	4.826
A*pressure	-0.025	0.05813	-0.42	0.680	1.599
B*pressure	-0.065	0.05813	-1.11	0.292	1.599
C*pressure	-0.032	0.05813	-0.55	0.592	1.599
A*B*pressure	-0.800	0.65924	-1.21	0.253	4.826
A*C*pressure	-0.605	0.65924	-0.92	0.381	4.826
B*C*pressure	0.625	0.65924	0.95	0.365	4.826

* 注 * 系数是为已编码的过程变量计算的。

S = 0.116704　　PRESS = 1.05327
R-Sq = 76.13%　　R-Sq（预测）= 0.00%　　R-Sq（调整）= 35.54%

对于 P 的方差分析（分量比率）

来源	自由度	Seq SS	Adj SS	Adj MS	F	P
回归	17	0.434288	0.434288	0.025546	1.88	0.156
仅分量						
线性	2	0.023543	0.039317	0.019658	1.44	0.281
二次	3	0.045888	0.045888	0.015296	1.12	0.386
分量* temperature						
线性	3	0.055859	0.078356	0.026119	1.92	0.191
二次	3	0.059503	0.059503	0.019834	1.46	0.285
分量* pressure						
线性	3	0.187618	0.023769	0.007923	0.58	0.640
二次	3	0.061878	0.061878	0.020626	1.51	0.270
残差误差	10	0.136198	0.136198	0.013620		
合计	27	0.570486				

6.7.6 响应跟踪图

响应跟踪图，如图6-31所示。

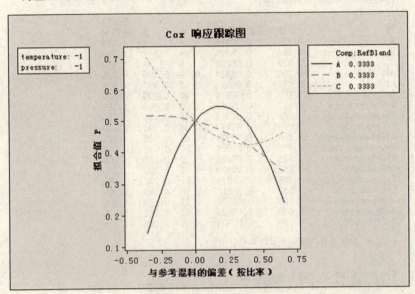

图6-31 响应跟踪图

6.7.7 单纯形格点加过程变量的试验设计等值线图和曲面图

等值线图，如图6-32所示。

曲面图，如图6-33所示。

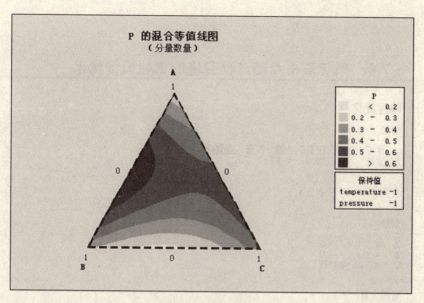

图6-32 等值线图

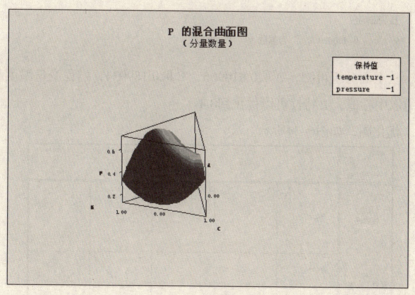

图6-33 曲面图

6.7.8 单纯形格点加过程变量的试验设计优化

响应优化

参数

	目标	下限	望目	上限	权重	重要性
P	望目	0.1	0.4	0.6	1	1

全局解

分量

A	=	0.810966
B	=	0
C	=	0.189034

过程变量

temperature	=	0
pressure	=	0

预测的响应

P = 0.400000 , 合意性 = 1.000000

从上面分析可知，A取0.810966，C取0.189034，过程变量温度和压力取中心值，P特性可以优化到0.4。

优化图，如图6-34所示。

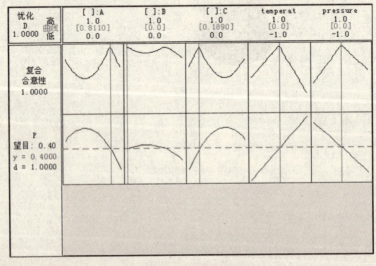

图6-34 优化图

6.8 极端顶点加过程变量的试验设计

6.8.1 极端顶点加过程变量试验设计案例

某企业要研发一个高强度的新产品。该产品由 A、B、C 三种成分构成，它们的成分有约束如下：

$0.2 \leq A \leq 0.4$

$0.1 \leq B \leq 0.3$

$0.4 \leq C \leq 0.7$

研发人员为了使新产品能够达到高强度要求，进行极端顶点试验，同时考虑了 D、E、F 三个过程变量对试验的影响，进行了88次试验，其试验结果，如表6-7所示。

标准序	运行序	PtType	区组	A	B	C	D	E	F	强度
87	1	-1	1	0.30	0.25	0.45	1	1	1	194.445
60	2	1	1	0.40	0.20	0.40	1	-1	1	172.914
34	3	1	1	0.20	0.10	0.70	1	1	-1	184.235
28	4	0	1	0.30	0.20	0.50	-1	1	-1	178.657
41	5	-1	1	0.35	0.15	0.50	1	1	-1	191.183
13	6	1	1	0.40	0.10	0.50	1	-1	-1	172.289
85	7	-1	1	0.35	0.15	0.50	1	1	1	199.635
51	8	-1	1	0.25	0.15	0.60	-1	-1	1	170.079
57	9	1	1	0.40	0.10	0.50	1	1	1	197.656
12	10	1	1	0.20	0.10	0.70	1	-1	1	177.012
73	11	-1	1	0.25	0.15	0.60	-1	1	1	175.632
27	12	1	1	0.40	0.20	0.40	1	1	-1	185.729
72	13	0	1	0.30	0.20	0.50	1	1	-1	172.092
8	14	-1	1	0.35	0.15	0.50	-1	-1	1	184.527
21	15	-1	1	0.30	0.25	0.45	1	-1	-1	172.244
23	16	1	1	0.20	0.10	0.70	1	-1	1	173.664
63	17	-1	1	0.35	0.15	0.50	1	-1	1	195.009
39	18	0	1	0.30	0.20	0.50	1	1	-1	181.746
40	19	1	1	0.25	0.15	0.60	1	1	-1	172.117
68	20	1	1	0.40	0.10	0.50	-1	1	1	189.720
53	21	-1	1	0.25	0.25	0.50	-1	-1	1	193.647
58	22	1	1	0.20	0.30	0.50	1	-1	1	196.203

标准序	运行序	PtType	区组	A	B	C	D	E	F	强度
59	23	1	1	0.30	0.30	0.40	1	-1	1	181.393
81	24	1	1	0.30	0.30	0.40	1	1	1	197.178
7	25	-1	1	0.25	0.15	0.60	-1	-1	-1	189.043
37	26	1	1	0.30	0.30	0.40	1	1	-1	183.308
20	27	-1	1	0.25	0.25	0.50	1	-1	-1	199.789
64	28	-1	1	0.25	0.25	0.50	1	-1	1	178.966
43	29	-1	1	0.30	0.25	0.45	1	1	-1	184.061
29	30	-1	1	0.25	0.15	0.60	-1	1	-1	195.429
25	31	1	1	0.20	0.30	0.50	1	-1	-1	174.526
69	32	1	1	0.20	0.30	0.50	-1	1	1	188.152
66	33	-1	1	0.35	0.20	0.45	1	-1	1	171.689
22	34	-1	1	0.35	0.20	0.45	1	-1	-1	192.770
62	35	-1	1	0.25	0.15	0.60	1	-1	1	190.441
35	36	1	1	0.40	0.10	0.50	1	1	-1	178.878
14	37	1	1	0.20	0.30	0.50	1	-1	-1	178.877
55	38	-1	1	0.35	0.20	0.45	-1	-1	-1	191.403
3	39	1	1	0.20	0.30	0.50	-1	-1	-1	174.423
67	40	1	1	0.20	0.10	0.70	-1	1	1	198.024
77	41	-1	1	0.35	0.20	0.45	-1	1	1	178.884
83	42	0	1	0.30	0.20	0.50	1	1	1	173.350
6	43	1	1	0.30	0.30	0.50	1	-1	-1	186.413
82	44	1	1	0.40	0.20	0.40	1	1	1	189.031

标准序	运行序	PtType	区组	A	B	C	D	E	F	强度
78	45	1	1	0.20	0.10	0.70	1	1	1	185.801
26	46	1	1	0.30	0.30	0.40	-1	1	-1	179.282
9	47	-1	1	0.25	0.25	0.50	-1	-1	-1	172.146
84	48	-1	1	0.25	0.15	0.60	1	1	1	182.655
74	49	-1	1	0.35	0.15	0.50	-1	1	1	188.090
61	50	0	1	0.30	0.20	0.50	1	-1	1	187.799
56	51	1	1	0.20	0.10	0.70	1	-1	1	188.136
47	52	1	1	0.20	0.30	0.50	-1	-1	1	182.549
44	53	-1	1	0.35	0.20	0.45	1	1	-1	183.218
30	54	-1	1	0.35	0.15	0.50	-1	1	-1	181.940
50	55	0	1	0.30	0.20	0.50	-1	-1	1	190.418
4	56	1	1	0.30	0.30	0.40	-1	-1	-1	189.246
5	57	1	1	0.40	0.20	0.40	-1	-1	-1	172.507
1	58	1	1	0.20	0.10	0.70	-1	-1	-1	195.893
76	59	1	1	0.30	0.25	0.45	-1	1	1	193.145
42	60	-1	1	0.25	0.25	0.50	1	1	-1	196.676
38	61	1	1	0.40	0.20	0.40	1	-1	-1	193.736
46	62	1	1	0.40	0.10	0.50	-1	-1	1	177.377
70	63	1	1	0.30	0.30	0.40	-1	1	1	175.341
54	64	-1	1	0.30	0.25	0.45	-1	-1	1	171.249
80	65	1	1	0.20	0.30	0.50	1	1	1	189.359
52	66	-1	1	0.35	0.15	0.50	-1	-1	1	187.179

标准序	运行序	PtType	区组	A	B	C	D	E	F	强度
15	67	1	1	0.30	0.30	0.40	1	-1	-1	182.363
79	68	1	1	0.40	0.10	0.50	1	1	1	186.759
48	69	1	1	0.30	0.30	0.40	-1	-1	1	179.510
10	70	-1	1	0.30	0.25	0.45	-1	-1	-1	180.609
2	71	1	1	0.40	0.10	0.50	-1	-1	-1	180.472
65	72	-1	1	0.30	0.25	0.45	1	-1	1	181.786
16	73	1	1	0.40	0.20	0.40	-1	-1	-1	177.652
19	74	-1	1	0.35	0.15	0.50	1	-1	-1	182.893
49	75	1	1	0.40	0.20	0.40	-1	-1	1	189.734
24	76	1	1	0.40	0.10	0.50	-1	-1	1	197.164
31	77	-1	1	0.25	0.25	0.50	-1	1	-1	182.907
45	78	1	1	0.20	0.10	0.70	-1	-1	1	186.143
36	79	1	1	0.20	0.30	0.50	1	1	-1	173.498
18	80	-1	1	0.25	0.15	0.60	1	-1	-1	182.244
32	81	-1	1	0.30	0.20	0.45	-1	1	-1	186.742
33	82	-1	1	0.35	0.20	0.45	-1	1	-1	193.041
71	83	1	1	0.40	0.20	0.40	-1	1	-1	194.301
17	84	0	1	0.30	0.20	0.50	1	-1	-1	170.879
88	85	-1	1	0.35	0.20	0.45	1	1	1	179.231
75	86	-1	1	0.25	0.25	0.50	-1	1	1	176.783
11	87	-1	1	0.35	0.20	0.45	-1	-1	-1	186.664
86	88	-1	1	0.25	0.25	0.50	1	1	1	185.975

表6-7 极端顶点加过程变量设计

6.8.2　极端顶点加过程变量试验设计

极端顶点设计

分量:　　　3　设计点数: 88
过程变量:　3　设计阶数:　1

混料合计: 1.00000

每个维度的边界数

点类型　1　2　0
维度　　0　1　2
数字　　5　5　1

每个类型的设计点数数

点类型　1　2　3　0　-1
点数　 40　0　0　8　40
仿行　　1　0　0　1　1
合计数 40　0　0　8　40

混料分量的边界

分量	数量		比率		虚拟分量	
	下限	上限	下限	上限	下限	上限
A	0.20000	0.40000	0.20000	0.40000	0.00000	0.66667
B	0.10000	0.30000	0.10000	0.30000	0.00000	0.66667
C	0.40000	0.70000	0.40000	0.70000	0.00000	1.00000

6.8.3　单纯形设计图

单纯形设计图,如图6-35所示。

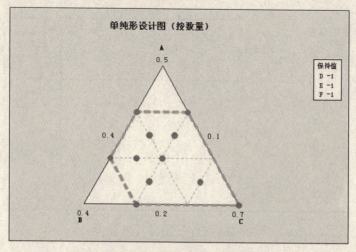

图6-35 单纯形设计图

6.8.4　过程变量因子图分析

过程变量主效应图分析，如图6-36所示。

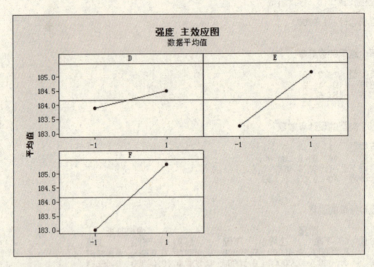

图6-36 过程变量主效应图

过程变量交互效应图分析，如图6-37所示。

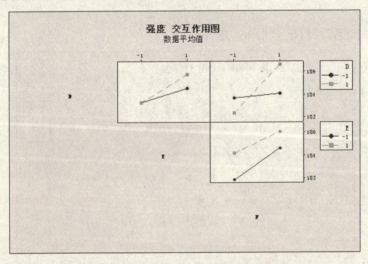

图6-37 过程变量交互效应图

6.8.5 极端顶点加过程变量试验设计分析

混料回归: 强度 与 A, B, C, D, E, F

强度 的估计回归系数 (分量比率)

项	系数	系数标准误	T	P	方差膨胀因子
A	205.2	122.46	*	*	1747.3
B	223.1	155.50	*	*	1327.3
C	192.8	26.15	*	*	216.4
A*B	-75.0	275.35	-0.27	0.786	359.3
A*C	-35.2	273.02	-0.13	0.898	2036.7
B*C	-91.3	273.02	-0.33	0.739	925.3
A*D	-60.7	122.46	-0.50	0.622	1747.3
B*D	87.1	155.50	0.56	0.577	1327.3
C*D	-21.8	26.15	-0.83	0.408	216.4
A*B*D	-92.0	275.35	-0.33	0.739	359.3
A*C*D	168.3	273.02	0.62	0.540	2036.7
B*C*D	-75.4	273.02	-0.28	0.783	925.3
A*E	129.8	122.46	1.06	0.293	1747.3
B*E	18.0	155.50	0.12	0.908	1327.3
C*E	22.2	26.15	0.85	0.400	216.4
A*B*E	-153.0	275.35	-0.56	0.580	359.3
A*C*E	-269.1	273.02	-0.99	0.328	2036.7
B*C*E	-43.9	273.02	-0.16	0.873	925.3
A*F	172.2	122.46	1.41	0.165	1747.3
B*F	174.2	155.50	1.12	0.267	1327.3
C*F	27.8	26.15	1.06	0.292	216.4
A*B*F	-611.6	275.35	-2.22	0.030	359.3
A*C*F	-313.2	273.02	-1.15	0.256	2036.7
B*C*F	-179.1	273.02	-0.66	0.514	925.3

* 注 * 系数是为已编码的过程变量计算的。

S = 8.45030   PRESS = 8838.93
R-Sq = 20.96%   R-Sq(预测) = 0.00%   R-Sq(调整) = 0.00%

对于 强度 的方差分析 (分量比率)

来源	自由度	Seq SS	Adj SS	Adj MS	F	P
回归	23	1211.59	1211.59	52.678	0.74	0.789
仅分量						
线性	2	77.22	5.90	2.950	0.04	0.960
二次	3	13.80	13.80	4.601	0.06	0.978
分量* D						
线性	3	146.91	82.95	27.649	0.39	0.763
二次	3	71.24	71.24	23.748	0.33	0.802
分量* E						
线性	3	304.95	92.36	30.785	0.43	0.731
二次	3	99.44	99.44	33.147	0.46	0.708
分量* F						
线性	3	139.05	322.96	107.652	1.51	0.221
二次	3	358.98	358.98	119.660	1.68	0.181
残差误差	64	4570.08	4570.08	71.408		
合计	87	5781.67				

强度 的异常观测值

观测值	标准序	强度	拟合值	拟合值标准误	残差	标准化残差
8	51	170.079	185.678	3.474	-15.598	-2.02R

R 表示此观测值含有大的标准化残差

6.8.6 响应跟踪图

响应跟踪图，如图6-38所示。

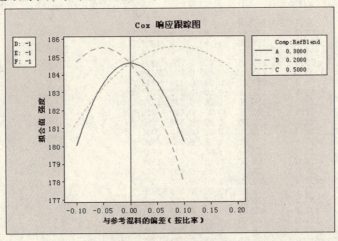

图6-38 响应跟踪图

6.8.7 极端顶点加过程变量试验设计等值线图和曲面图

极端顶点加过程变量试验设计等值线图，如图6-39所示。

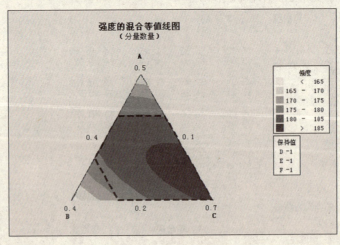

图6-39 等值线图

极端顶点加过程变量试验设计曲面图，如图6-40所示。

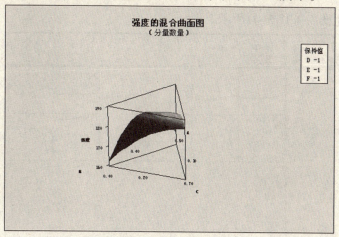

图6-40 曲面图

6.8.8　极端顶点加过程变量试验设计优化

响应优化

参数

	目标	下限	望目	上限	权重	重要性
强度	望大	170	220	220	1	1

全局解

分量

```
A  =  0.2
B  =  0.1
C  =  0.7
```

过程变量

```
D  =  -1
E  =  -1
F  =   1
```

预测的响应

强度　＝　190.905　，　合意性　＝　0.418102

复合合意性 = 0.418102

从上面分析可知，A取0.2，B取0.1，C取0.7，D取低水平，E取低水平，F取高水平，新产品的强度可以优化到190.905。

优化图，如图6-41所示。

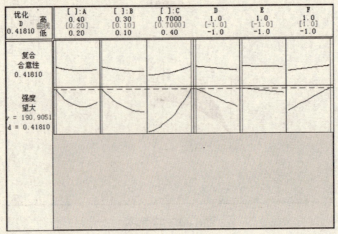

图6-41 优化图

第七章

响应曲面试验设计和分析

本章将介绍以下内容

● 响应曲面试验设计概述

● 中心复合试验设计和分析

● Box-Behnken试验设计和分析

7.1 响应曲面试验设计概述

7.1.1 响应曲面试验设计概述

响应曲面法也可以叫优化试验法，新产品开发中的一些功能参数的优化设计，可以使用这些方法。

响应曲面法也可以叫多水平试验设计法，每次试验设计都有5个水平、角点（1，-1）、中心点（0，0）、轴点（α，-α）。

响应曲面法也可以叫序贯实验法，先用因子试验设计去探索模型是否有二阶项，或者是否有弯曲，同时再增加中心点、轴向点去探索，直到找到最优区域、曲面为止。

响应曲面也可以叫D优化，是一个满意度函数，一般方法是先将各个响应yi转换为单个满意度函数di，其变化范围是：

$$0 \leqslant d_i \leqslant 1$$

如果响应yi是它的目标值，则di=1，如果响应在可接受的范围之外，则di=0，然后，选择设计变量，使之最大化m个响应的总满意度。即：

$$D=(d_1.d_2.\cdots.d_m)^{1/m}$$

7.1.2 响应曲面试验设计类型

响应曲面试验设计类型有：中心复合试验设计（CCD）和Box-Behnken试验设计两大类型。

1. 中心复合试验设计（CCD）

中心复合试验设计是典型的五水平试验设计，角点（-1）、中心点（0，0）、轴点（α，$-\alpha$）。

α与因子数有关，$\alpha = F^{1/4}$。

因子数是2，F=4，$\alpha = 1.414$，两因子中心复合试验设计点数如图7-1所示。

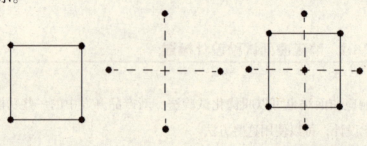

设计的因子部分中的点被编码为 -1 和 +1。　　设计的轴（星形）部分中的点位于：(+α, 0)、(-α, 0)、(0,+α)、(0,- α)　　在这里，因子部分和轴部分与中心点一起显示。设计中心位于(0，0)处。

图7-1 两因子中心复合试验设计

因子数是3，F=8，$\alpha = 1.628$，因子数与试验次数和α值如下表7-1所示。

因子数	设计	总运行次数	总区组数	立方区组数	立方运行次数	总中心点数	立方中心点数	轴中心点数	默认alpha值	是否是正交区组	是否可旋转
2	全部	13	1	---	4	5	---	0	1.414	---	是
2	全部	14	2	1	4	6	3	3	1.414	是	是
3	全部	14	1	---	8	6	---	0	1.682	---	是
3	全部	20	2	1	8	6	4	2	1.633	是	否
3	全部	20	3	2	8	6	4	2	1.633	是	否
4	全部	31	1	---	16	7	---	0	2.000	---	是
4	全部	30	2	1	16	7	---	2	2.000	是	是
4	全部	30	3	2	16	7	4	2	2.000	是	是
5	全部	52	1	---	32	10	---	2	2.378	---	是
5	全部	54	2	1	32	12	8	4	2.366	是	否
5	全部	54	3	2	32	12	8	4	2.366	是	否
5	一半	32	1		16	6	---	0	2.000	---	是
5	一半	33	2	1	16	7	6	1	2.000	是	是
6	全部	90	1	---	64	14	---	0	2.828	---	是
6	全部	90	2	1	64	14	8	6	2.828	是	是
6	全部	90	3	2	64	14	8	6	2.828	是	是
6	全部	90	5	4	64	14	8	6	2.828	是	是
6	一半	53	1	---	32	9	---	0	2.378	---	是
6	一半	54	2	1	32	10	8	2	2.366	---	否
6	一半	54	2	2	32	10	8	2	2.366	是	否
7	全部	152	1	---	128	10	---	0	3.364	---	是
7	全部	160	2	1	128	18	8	10	3.364	是	是
7	全部	160	3	2	128	18	8	10	3.364	是	是
7	全部	160	5	4	128	18	8	10	3.364	是	是
7	一半	88	1	---	64	10	---	0	2.828	---	是
7	一半	90	2	1	64	12	8	4	2.828	是	是
7	一半	90	3	2	64	12	8	4	2.828	是	是

表7-1 因子数与试验次数

2. Box-Behnken试验设计

Box-Behnken试验设计也叫中心点试验设计，角点（-1，1），中心点（0，0），没有轴点，因此，试验都在（-1，1）范围内部取值，三因子Box-Behnken试验设计次数，如下图7-2所示。

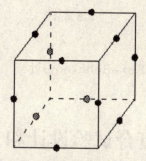

图7-2 因子设计

Box-Behnken设计是执行非顺序试验时，只计划执行一次试验。使用这些设计，可以有效估计一阶和二阶系数。因为Box-Behnken设计的设计点较少，所以它们的运行成本比具有相同数量因子的中心复合设计的运行成本低。

如果知道过程的安全操作区域，Box-Behnken设计也非常有用。中心复合设计的轴点通常在"立方"外（除非您指定的a小于或等于1）。这些点可能不在相关区域内，也可能由于超出安全操作限制而无法运行。Box-Behnken设计没有轴点，因此，您可以确信所有设计点都在安全操作区域内。Box-Behnken设计还可以确保所有因子绝不会同时设置在高水平。

Box-Behnken设计因子和试验次数，如下表7-2所示。

因子数	运行次数	可选区组数	默认中心点数
3	15	1	3
4	27	3	3
5	46	2	3
6	54	2	6
7	62	2	6
9	130	5或10	10
10	170	2	10

表7-2 Box-Behnken设计

7.2 中心复合试验设计和分析

7.2.1 中心复合试验设计案例

某研发新产品生产过程与HotBarTemp（1500，2000）、DwellTime（0.5ses，1.0ses）、HotBarPressure（50psi，150psi）、MaterialTemperature（700，1100）四个因子有关，研发工程师为了确保新产品的强度（24-28lbs）将变差控制在0-1lb，进行了中心复合试验设计，试验设计如下表7-3所示。

StdOrder	RunOrder	PtType	Blocks	HotBarT	DwelTime	HotBarP	MatTemp	Strength	VarStrength
12	1	1	1	200	1.00	50	110	12.4470	5.28200
18	2	-1	1	225	0.75	100	90	24.7047	1.63296
17	3	-1	1	125	0.75	100	90	20.6865	1.34636
31	4	0	1	175	0.75	100	90	29.1000	0.95000
23	5	-1	1	175	0.75	100	50	27.4284	1.69595
14	6	1	1	200	0.50	150	110	30.3010	3.45200
15	7	1	1	150	1.00	150	110	23.2990	2.21400
29	8	0	1	175	0.75	100	90	28.3000	0.83000
21	9	-1	1	175	0.75	0	90	25.9942	0.83801
10	10	1	1	200	0.50	50	110	27.6490	1.07600
26	11	0	1	175	0.75	100	90	28.2000	0.91000
30	12	0	1	175	0.75	100	90	28.7000	0.92000
27	13	0	1	175	0.75	100	90	27.4000	0.97000
5	14	1	1	150	0.50	150	70	12.0010	2.99600
16	15	1	1	200	1.00	150	110	15.6990	6.49000

StdOrder	RunOrder	PtType	Blocks	HotBarT	DwelTime	HotBarP	MatTemp	Strength	VarStrength
4	16	1	1	200	1.00	50	70	8.2510	6.74600
9	17	1	1	150	0.50	50	110	12.2010	4.14400
2	18	1	1	200	0.50	50	70	26.7490	0.80000
20	19	-1	1	175	1.25	100	90	21.3752	2.92266
1	20	1	1	150	0.50	50	70	10.5010	4.46000
3	21	1	1	150	1.00	50	70	15.6990	0.99400
28	22	0	1	175	0.75	100	90	28.9000	0.86000
8	23	1	1	200	1.00	150	70	13.7030	4.49400
19	24	-1	1	175	0.25	100	90	25.5021	1.49727
13	25	1	1	150	0.50	150	110	15.7010	3.54000
22	26	-1	1	175	0.75	200	90	30.0581	1.14190
24	27	-1	1	175	0.75	100	130	30.0516	2.58797
6	28	1	1	200	0.50	150	70	28.4010	0.84000
7	29	1	1	150	1.00	150	70	21.5990	2.13800
25	30	0	1	175	0.75	100	90	28.5000	0.94000
11	31	1	1	150	1.00	50	110	19.7990	2.69000

表7-3 中心复合试验设计

7.2.2　中心复合试验设计分析

响应曲面回归：Strength 与 HotBarT, DwelTime, HotBarP, MatTemp

分析是使用已编码单位进行的。

Strength 的估计回归系数

项	系数	系数标准误	T	P
常量	28.4429	1.664	17.094	0.000
HotBarT	3.3697	1.797	1.875	0.079
DwelTime	-3.4385	1.797	-1.913	0.074
HotBarP	2.9613	1.797	1.648	0.119
MatTemp	2.1199	1.797	1.180	0.255
HotBarT*HotBarT	-10.6473	3.293	-3.233	0.005
DwelTime*DwelTime	-9.9043	3.293	-3.008	0.008
HotBarP*HotBarP	-5.3168	3.293	-1.615	0.126
MatTemp*MatTemp	-4.6029	3.293	-1.398	0.181
HotBarT*DwelTime	-23.2480	4.402	-5.281	0.000
HotBarT*HotBarP	-0.3480	4.402	-0.079	0.938
HotBarT*MatTemp	-0.5520	4.402	-0.125	0.902
DwelTime*HotBarP	2.2000	4.402	0.500	0.624
DwelTime*MatTemp	0.9480	4.402	0.215	0.832
HotBarP*MatTemp	-0.4000	4.402	-0.091	0.929

S = 4.40228　PRESS = 1777.81
R-Sq = 78.58%　R-Sq（预测）= 0.00%　R-Sq（调整）= 59.84%

对于 Strength 的方差分析

来源	自由度	Seq SS	Adj SS	Adj MS	F	P
回归	14	1137.51	1137.514	81.2510	4.19	0.004
线性	4	218.65	218.648	54.6619	2.82	0.060
平方	4	372.07	372.072	93.0181	4.80	0.010
交互作用	6	546.79	546.794	91.1323	4.70	0.006
残差误差	16	310.08	310.081	19.3801		
失拟	10	308.20	308.204	30.8204	98.51	0.000
纯误差	6	1.88	1.877	0.3129		
合计	30	1447.60				

响应曲面回归:VarStrength 与 HotBarT, DwelTime, HotBarP, MatTemp

分析是使用已编码单位进行的。

VarStrength 的估计回归系数

项	系数	系数标准误	T	P
常量	0.91143	0.4327	2.107	0.051
HotBarT	0.54810	0.4673	1.173	0.258
DwelTime	1.04923	0.4673	2.245	0.039
HotBarP	0.04831	0.4673	0.103	0.919
MatTemp	0.60034	0.4673	1.285	0.217
HotBarT*HotBarT	1.62114	0.8562	1.893	0.077
DwelTime*DwelTime	2.34145	0.8562	2.735	0.015
HotBarP*HotBarP	1.12144	0.8562	1.310	0.209
MatTemp*MatTemp	2.27344	0.8562	2.655	0.017
HotBarT*DwelTime	5.98700	1.1447	5.230	0.000
HotBarT*HotBarP	0.69300	1.1447	0.605	0.553
HotBarT*MatTemp	0.35500	1.1447	0.310	0.760
DwelTime*HotBarP	-0.18100	1.1447	-0.158	0.876
DwelTime*MatTemp	-0.20300	1.1447	-0.177	0.861
HotBarP*MatTemp	1.25900	1.1447	1.100	0.288

S = 1.14469   PRESS = 120.693
R-Sq = 76.71% R-Sq(预测) = 0.00% R-Sq(调整) = 56.32%

对于 VarStrength 的方差分析

来源	自由度	Seq SS	Adj SS	Adj MS	F	P
回归	14	69.0360	69.0360	4.93114	3.76	0.007
线性	4	10.5842	10.5842	2.64606	2.02	0.140
平方	4	20.3422	20.3422	5.08556	3.88	0.022
交互作用	6	38.1095	38.1095	6.35158	4.85	0.005
残差误差	16	20.9651	20.9651	1.31032		
失拟	10	20.9500	20.9500	2.09500	833.24	0.000
纯误差	6	0.0151	0.0151	0.00251		
合计	30	90.0011				

7.2.3　中心复合试验设计残差分析

强度的残差分析，如图7-3所示。

变差的残差分析，如图7-4所示。

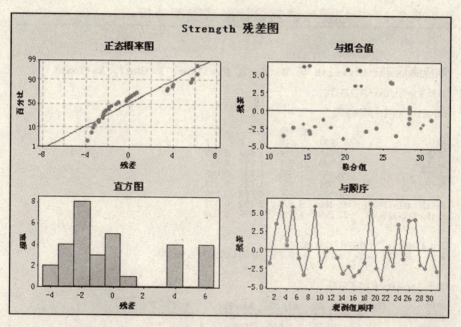

图7-3 强度残差图

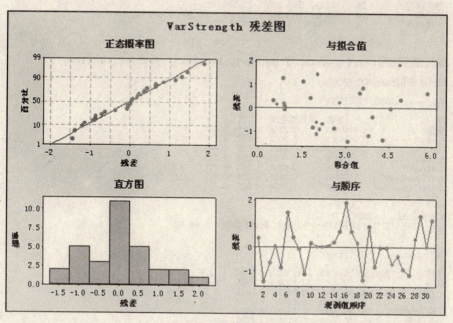

图7-4 变差残差图

7.2.4 中心复合试验设计删减模型分析

响应曲面回归: Strength 与 HotBarT, DwelTime, HotBarP, MatTemp

分析是使用已编码单位进行的。

Strength 的估计回归系数

项	系数	系数标准误	T	P
常量	24.113	1.116	21.608	0.000
HotBarT	3.370	1.986	1.697	0.103
DwelTime	-3.438	1.986	-1.732	0.096
HotBarP	2.961	1.986	1.491	0.149
MatTemp	2.120	1.986	1.068	0.296
DwelTime*DwelTime	-8.100	3.587	-2.258	0.033
HotBarT*DwelTime	-23.248	4.864	-4.779	0.000

S = 4.86414   PRESS = 1291.92
R-Sq = 60.77%   R-Sq（预测）= 10.75%   R-Sq（调整）= 50.97%

对于 Strength 的方差分析

来源	自由度	Seq SS	Adj SS	Adj MS	F	P
回归	6	879.76	879.759	146.627	6.20	0.000
线性	4	218.65	218.648	54.662	2.31	0.087
平方	1	120.64	120.642	120.642	5.10	0.033
交互作用	1	540.47	540.470	540.470	22.84	0.000
残差误差	24	567.84	567.836	23.660		
失拟	18	565.96	565.959	31.442	100.50	0.000
纯误差	6	1.88	1.877	0.313		

响应曲面回归: VarStrength 与 HotBarT, DwelTime, HotBarP, MatTemp

分析是使用已编码单位进行的。

VarStrength 的估计回归系数

项	系数	系数标准误	T	P
常量	1.96743	0.2846	6.914	0.000
HotBarT	0.54810	0.5064	1.082	0.290
DwelTime	1.04923	0.5064	2.072	0.049
HotBarP	0.04831	0.5064	0.095	0.925
MatTemp	0.60034	0.5064	1.186	0.247
DwelTime*DwelTime	1.90144	0.9147	2.079	0.049
HotBarT*DwelTime	5.98700	1.2404	4.827	0.000

S = 1.24038   PRESS = 79.8283
R-Sq = 58.97%   R-Sq（预测）= 11.30%   R-Sq（调整）= 48.72%

对于 VarStrength 的方差分析

来源	自由度	Seq SS	Adj SS	Adj MS	F	P
回归	6	53.0762	53.0762	8.8460	5.75	0.001
线性	4	10.5842	10.5842	2.6461	1.72	0.178
平方	1	6.6478	6.6478	6.6478	4.32	0.049
交互作用	1	35.8442	35.8442	35.8442	23.30	0.000
残差误差	24	36.9248	36.9248	1.5385		
失拟	18	36.9098	36.9098	2.0505	815.56	0.000
纯误差	6	0.0151	0.0151	0.0025		
合计	30	90.0011				

7.2.5 删减模型的残差分析

强度的残差分析，如图7-5所示。

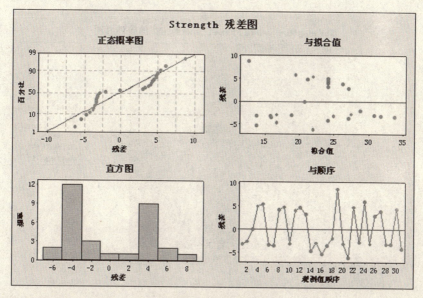

图7-5 强度残差分析

变差的残差分析，如图7-6所示。

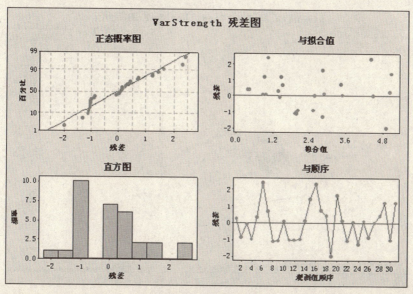

图7-6 变差的残差分析

7.2.6 中心复合试验设计等值线图和曲面图

强度等值线图，如图7-7所示。

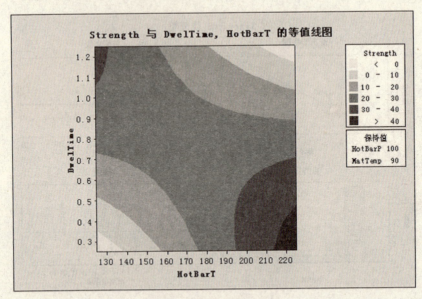

图7-7 强度等值线图

强度曲面图，如图7-8所示。

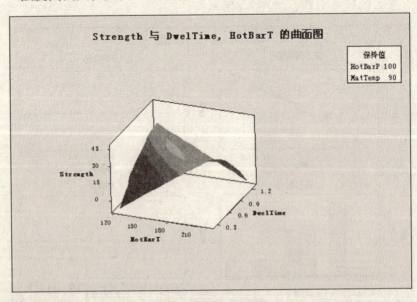

图7-8 强度曲面图

变差等值线图，如图7-9所示。

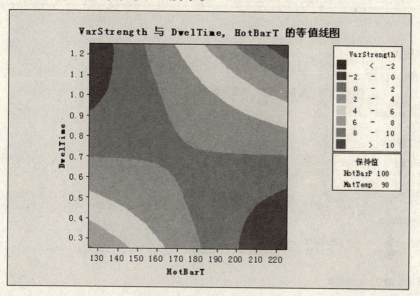

图7-9 变差等值线图

变差曲面图，如图7-10所示。

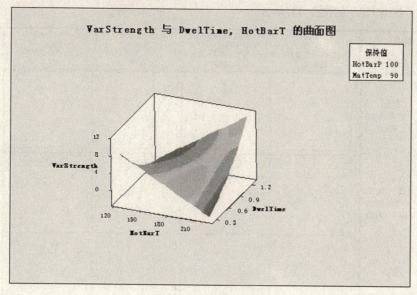

图7-10 变差曲面图

7.2.7 中心复合试验设计D优化

响应优化

参数

	目标	下限	望目	上限	权重	重要性
Strength	望目	24	26	28	1	1
VarStrength	望小	0	0	1	1	1

全局解

```
HotBarT   =   125.010
DwelTime  =   1.12763
HotBarP   =   0
MatTemp   =   50
```

预测的响应

```
Strength    =   26.0000 ,   合意性 =   1.000000
VarStrength =   -1.8729 ,   合意性 =   1.000000
```

复合合意性 = 1.000000

从上面分析可知，HT取125.010，DT取1.12763，MT取50，强度可以达到目标值，变差可以达到最小。

优化图，如图7-11所示。

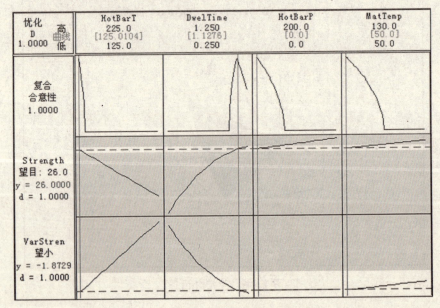

图7-11 优化图

7.3 Box-Behnken试验设计和分析

7.3.1 Box-Behnken试验设计和分析

某企业研发的新产品成品率与温度（2800，3000）、压力（150psi，220psi）、时间（10min，20min）有关，为安全试制新产品，研发工程师进行了Box-Behnken试验设计，试验结果如下表7-4所示。

标准序	运行序	PtType	区组	温度	压力	时间	成品率
14	1	0	1	290	185	15	0.81
7	2	2	1	280	185	20	0.71
3	3	2	1	280	220	15	0.72
8	4	2	1	300	185	20	0.90
5	5	2	1	280	185	10	0.73
6	6	2	1	300	185	10	0.89
1	7	2	1	280	150	15	0.73
11	8	2	1	290	150	20	0.82
9	9	2	1	290	150	10	0.91
2	10	2	1	300	150	15	0.76
12	11	2	1	290	220	20	0.87
15	12	0	1	290	185	15	0.88
13	13	0	1	290	185	15	0.91
10	14	2	1	290	220	10	0.89
4	15	2	1	300	220	15	0.78

表7-4 试验设计表

7.3.2 Box-Behnken试验设计

Box-Behnken 设计

因子:	3	仿行数:	1
基础次数:	15	总试验数:	15
基础区组:	1	合计区组数:	1

中心点: 3

7.3.3　Box-Behnken试验设计和分析

响应曲面回归:成品率 与 温度，压力，时间

分析是使用已编码单位进行的。

成品率 的估计回归系数

项	系数	系数标准误	T	P
常量	0.866667	0.03164	27.391	0.000
温度	0.055000	0.01938	2.839	0.036
压力	0.005000	0.01938	0.258	0.807
时间	-0.015000	0.01938	-0.774	0.474
温度*温度	-0.092083	0.02852	-3.229	0.023
压力*压力	-0.027083	0.02852	-0.950	0.386
时间*时间	0.032917	0.02852	1.154	0.301
温度*压力	0.007500	0.02740	0.274	0.795
温度*时间	0.007500	0.02740	0.274	0.795
压力*时间	0.017500	0.02740	0.639	0.551

S = 0.0548027 PRESS = 0.16785
R-Sq = 81.71% R-Sq（预测）= 0.00% R-Sq（调整）= 48.78%

对于 成品率 的方差分析

来源	自由度	Seq SS	Adj SS	Adj MS	F	P
回归	9	0.067077	0.067077	0.007453	2.48	0.165
线性	3	0.026200	0.026200	0.008733	2.91	0.140
平方	3	0.039202	0.039202	0.013067	4.35	0.074
交互作用	3	0.001675	0.001675	0.000558	0.19	0.902
残差误差	5	0.015017	0.015017	0.003003		
失拟	3	0.009750	0.009750	0.003250	1.23	0.477
纯误差	2	0.005267	0.005267	0.002633		
合计	14	0.082093				

从上面分析可知，平方影响比较明显，交互作用项不太明显，可以删减模型。

7.3.4　Box-Behnken试验设计残差分析

残差分析，如图7-12所示。

从残差图分析可知，残差服从正态分布，残差与拟合值无异常情形，模型拟合量好。

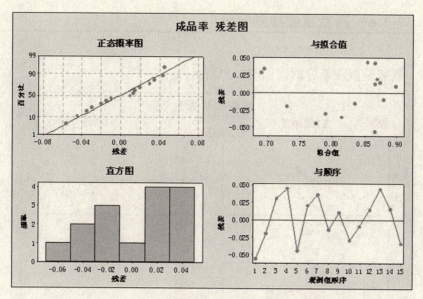

图7-12 残差图

7.3.5　Box-Behnken试验设计删减模型分析

响应曲面回归:成品率 与 温度，压力，时间

分析是使用已编码单位进行的。

成品率 的估计回归系数

项	系数	系数标准误	T	P
常量	0.870000	0.01850	47.034	0.000
温度	0.055000	0.01730	3.179	0.010
压力	0.005000	0.01730	0.289	0.779
时间	-0.015000	0.01730	-0.867	0.406
温度*温度	-0.092500	0.02533	-3.652	0.004

S = 0.0489387　PRESS = 0.0552482
R-Sq = 70.83%　R-Sq（预测） = 32.70%　R-Sq（调整） = 59.16%

对于 成品率 的方差分析

来源	自由度	Seq SS	Adj SS	Adj MS	F	P
回归	4	0.058143	0.058143	0.014536	6.07	0.010
线性	3	0.026200	0.026200	0.008733	3.65	0.052
平方	1	0.031943	0.031943	0.031943	13.34	0.004
残差误差	10	0.023950	0.023950	0.002395		
失拟	8	0.018683	0.018683	0.002335	0.89	0.630
纯误差	2	0.005267	0.005267	0.002633		
合计	14	0.082093				

7.3.6 删减模型残差分析

删减模型残差分析，如图7-13所示。

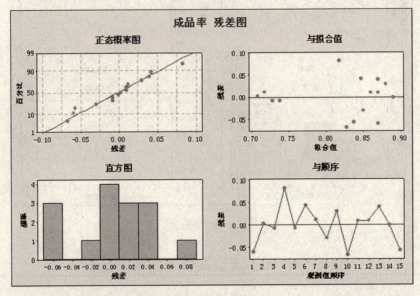

图7-13 残差图

从删减模型残差图分析可知，残差服从正态分布，残差与拟合值无异常情形，模型拟合量好。

7.3.7 Box-Behnken试验设计等值线图和曲面图

等值线图，如图7-14所示。

曲面图，如图7-15所示。

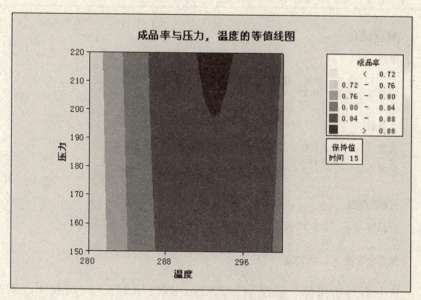

图7-14 等值线图

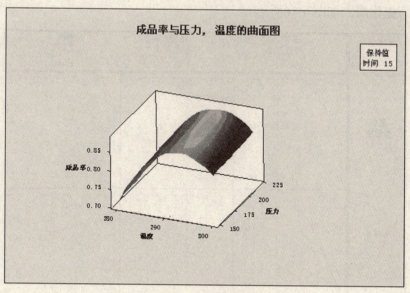

图7-15 曲面图

7.3.8　Box-Behnken试验设计D优化

响应优化

参数

	目标	下限	望目	上限	权重	重要性
成品率	望大	0.7	0.9	0.9	1	1

全局解

温度　＝　292.525
压力　＝　178.283
时间　＝　　　　10

预测的响应

成品率　＝　0.921744　,　合意性　＝　1.000000

复合合意性 = 1.000000

从上面分析可知，温度取292.525，B取178.283，时间取10，新产品成品率可以达到0.92。

优化图，如图7-16所示。

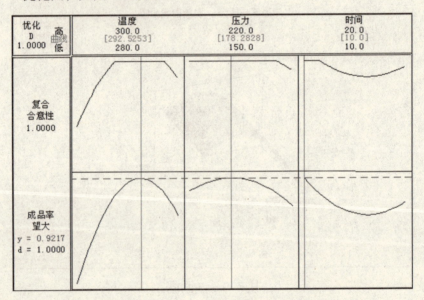

图7-16 优化图

第八章

调优运算

本章将介绍以下内容

● 调优运算（EVOP）方法

● 调优运算（EVOP）应用

8.1 调优运算（EVOP）方法

调优运算方法是George Box在1957年提出来的，是利用全方位过程信息确定最佳试验方案的方法。通过对过程变量的微小变化操作来判断试验结果的输出状况。

8.1.1 调优运算（EVOP）基本原理

通过响应面方法确定的优化条件往往很难把握全方位的过程，即使整个过程开始运行最优点，也会因原材料、环境因素和操作员等变化而发生漂移，如图8-1所示。

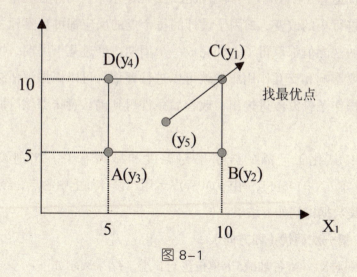

图 8-1

8.1.2　调优运算与试验设计的特征比较

调优运算与试验设计（DOE）的比较如表8-1。

项目	调优运算（EVOP）	试验设计（DOE）
1	一次研究很少因子	同时研究很多因子
2	因子水平设置变化小	因子水平设置变化大
3	收集的数据量大	收集的数据量小
4	数据来源于正常生产	数据来源于独立的研究
5	试验样品可以使用	试验样品要报废

表 8-1

8.2　调优运算（EVOP）应用

调优运算（EVOP）的典型做法是2^K因子水平，对过程变量（可控因子）进行小的改变，2^K因子设计的每个点的反应都可观察到，当所设计点的观测值都取得了，即完成一个周期。经过几个周期，控制因子的主要影响和交互作用影响就可以进行评估，可以根据评估结果改变基本操作条件以改进输出，改善后条件得到确认意味着该阶段任务完成。

例：某化工产品的合格率与温度和压力有关。当前设置为$X_1=250°$ F，$X_2=145PSI$，用EVOP程序运用22设计加上中心点，经过3个循环收集数据得到如下结果：

1. 第一次调优（四方向）

分别对X1、X_2各加减5个单位进行试验，结果表示如下：

1. $X_1=245$，$X_2=140$；结果：合格率Y=84.27

2．X_1=255，X_2=140；结果：合格率Y=84.30

3．X_1=245，X_2=150；结果：合格率Y=84.50

4．X_1=255，X_2=150；结果：合格率Y=85.50

从第一次调优结果看，85.50为最高合格率，因此确定从第一次调优始点到该点连线方向为第二次调优方向，结果如图8-2所示。

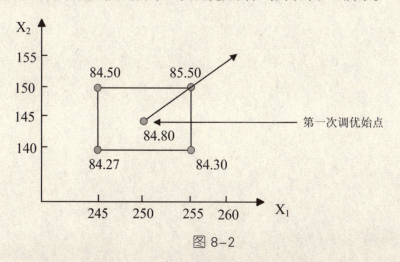

图 8-2

2．第二次调优

以85.50对应的X_1、X_2为始点，X_1、X_2各加减5个单位进行调优，结果如图8-3所示。

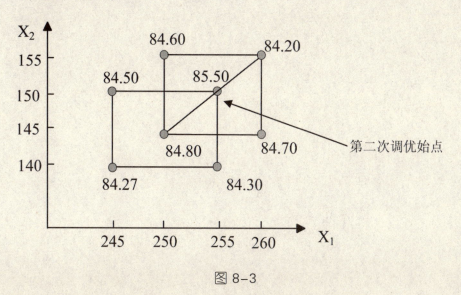

图 8-3

从上面可以看出，第一次的最优点作为第二次EVOP的中心点继续调优，又经过3个循环，可以看到第二次调优的结果仍以$X_1=255°$ F，$X_2=150PSI$为最优结果。

第九章

正交与均匀试验设计

本章将介绍以下内容

● 正交试验设计

● 均匀试验设计

● 均匀设计在因子试验中的应用

● 均匀设计在新产品开发中的应用

9.1 正交试验设计

正交试验设计可用于多因素试验设计，它是从全面试验中挑选出部分有代表的点进行试验。这些代表点具有"均匀"和"整齐"的特点。正交试验是分部因子设计的主要方法，具有很高的效率。

9.1.1 正交表

正交表是进行多因素试验设计的表格，常用代号$L_n(q^m)$表示，其含义如下：

L：表示正交表

n：表示试验次数

q：表示因素的水平数

m：表示因素的个数或表的列数。

例如：$L_9(3^4)$，表示该正交表可安排4个因素，3个水平，进行9次试验。$L_9(3^4)$正交表如表9-1所示。

NO	1	2	3	4
1	1	1	1	1
2	1	2	2	2
3	1	3	3	3
4	2	1	2	3
5	2	2	3	1
6	2	3	1	2
7	3	1	3	2
8	3	2	1	3
9	3	3	2	1

表 9-1

从上表可知，任何一张正交表必须满足两个条件：

（1）任一列的诸水平的重复数相同；

（2）任二列的所有可能水平组合有相同的重复数。

9.1.2 正交试验设计及分析

某化学产品的成品率与温度（A）、压力（p）、速度（V）有关，每个因素都有三个水平，用$L_9(3^3)$进行正交试验，其试验结果，如表9-2所示。

NO	1	2	3	y
1	1（A_1）	1（p_1）	1（V_1）	30
2	1（A_1）	2（p_2）	2（V_2）	40
3	1（A_1）	3（p_3）	3（V_3）	20
4	2（A_2）	1（p_1）	2（V_2）	10
5	2（A_2）	2（p_2）	3（V_3）	50
6	2（A_2）	3（p_3）	1（V_1）	15
7	3（A_3）	1（p_1）	3（V_3）	25
8	3（A_3）	2（p_2）	1（V_1）	35
9	3（A_3）	3（p_3）	2（V_2）	5

表 9-2

◎根据上表，我们可以用极差法，画出A、p、V三因子对化学产品成品率的影响程度，如表9-3所示：

NO	1	2	3	y
1	1 (A$_1$)	1 (p$_1$)	1 (V$_1$)	30
2	1 (A$_1$)	2 (p$_2$)	2 (V$_2$)	40
3	1 (A$_1$)	3 (p$_3$)	3 (V$_3$)	20
4	2 (A$_2$)	1 (p$_1$)	2 (V$_2$)	10
5	2 (A$_2$)	2 (p$_2$)	3 (V$_3$)	50
6	2 (A$_2$)	3 (p$_3$)	1 (V$_1$)	15
7	3 (A$_3$)	1 (p$_1$)	3 (V$_3$)	25
8	3 (A$_3$)	2 (p$_2$)	1 (V$_1$)	35
9	3 (A$_3$)	3 (p$_3$)	2 (V$_2$)	5
T1	90	65	80	
T2	75	125	55	
T3	65	40	95	
m1	30	21.7	26.7	
m2	25	41.7	18.3	
m3	21.7	13.3	31.7	
R	8.3	28.4	13.4	

表 9-3

　　从上表分析结果可知，P因素影响最大，A因素影响最小，V因素影响次之。

　　◎由于正交试验是分部析因试验的特例，因此，也可用统计软件进行分析。

9.2 均匀试验设计

均匀试验设计是分部因子设计的主要方法之一。和正交试验设计相比，均匀设计给试验者更多的选择，从而用较少的试验次数获得期望的结果。均匀设计是电脑仿真试验设计，同时也是一种稳健实验设计。

9.2.1 均匀试验设计表

均匀试验设计表用U_n（q^m）表示，其含义如下：

U：表示均匀设计

n：表示试验次数

q：表示因素的水平数

m：表示因素的个数。

例如：U_7（7^3），表示3个因素，有7个水平，要进行7次试验，如表9-4所示：

NO	1	2	3
1	1	5	4
2	2	2	2
3	3	7	6
4	4	3	7
5	5	6	1
6	6	1	5
7	7	4	3

表 9-4

例：某化工的合成工艺中，为了提高产量，试验者选了3个因素：

原料配比（x_1），某有机物的吡啶量（x_2）和反应时间（x_3），每个因素均取了7个水平：

原料配比（％）：1.0，1.4，1.8，2.2，2.6，3.0，3.4

吡啶量（ml）：10，13，16，19，23，25，28

反应时间（h）：0.5，1.0，1.5，2.0，2.5，3.0，3.5

该试验需要有七个水平的均匀设计，本书附录和均匀设计网页列出了不少均匀设计表，其中$U_7（7^3）$符合试验者的要求。为了方便，该表抄录于表9-5。

NO	1	2	3	NO	1	2	3	NO	1	2	3	NO	1	2	3
1	1	5	4	3	3	7	6	5	5	6	1	7	7	4	3
2	2	2	2	4	4	4	3	6	6	6	1			5	

表9-5 U7（73）

将3个因素分别放在该表的三列，然后将表中的7个水平翻译成该列因素的7个水平，获得表9-6的试验方案。

NO	原料配比x_1	吡啶量x_2	反应时间x_3	收率y
1	1.0	22	2.0	0.6146
2	1.4	13	1.0	0.3506
3	1.8	28	3.0	0.7537
4	2.2	16	3.5	0.8195
5	2.6	25	0.5	0.0970
6	3.0	10	2.5	0.7114
7	3.4	19	1.5	0.4186

表9-6 化工试验方案和相应收率

7次试验，哪个先做，哪个后做，应当随机决定，以减少试验环境缓慢变化带来的干扰。试验的响应（y）是收率，收率越高表示产量越高。

试验的数据分析极为重要，其中包括直观分析、建模、统计诊断等。显而易见，7次试验结果中以第四号试验的效率（81.95%）为最高，相应的工艺条件为：原料配比$x_1=2.2$，吡啶量$x_2=16$，反应时间$x_3=3.5$。

在作回归建模时，要将自变量中心化，该例中：

$x_1=2.2$，$x_2=19$，$x_3=2.0$

如用线性模型（这时中心化和非中心化结果相同）：

$$y=\beta_0+\beta_1(x_1-2.2)+\beta_2(x_2-19)+\beta_3(x_3-2.0)+\varepsilon$$

来拟合上表的试验数据，并用回归分析中的变量筛选技术，求得回归方程为：

$$y=0.5379+0.2333(x_3-2)$$

相应的$R^2=93.96\%$，$S^2=0.381$，$C_p=1.91$，这个模型不理想，因为另两个因素未能出现在模型中，与试验者的经验不符。

进一步，我们考虑二次模型：

$$y=\beta_0+\beta_1(x_1-2.2)+\beta_2(x_2-19)+\beta_3(x_3-2.0)+\beta_{11}(x_1-2.2)2+\beta_{22}(x_2-19)2+\beta_{33}(x_3-2.0)2+\beta_{12}(x_1-2.2)(x_2-19)+\beta_{13}(x_1-2.2)(x_3-2.0)+\beta_{23}(x_2-19)(x_3-2.0)+\varepsilon$$

运用筛选变量的回归技术，得：

$$y=0.595+0.232(x_3-2)-0.054(x_3-2)2+0.0547(x_1-2.2)(x_3-2)$$

其相应的方差分析表列于下表（表9-7），$R_2=99.83\%$，$s_2=0.00023$，三项(x_3-2)，$(x_3-2)^2$，$(x_1-2.2)(x_3-2)$的t统计量分别为40.665，-8.053和4.570，相应的p值分别为0.0001，0.0040和0.0197，均非常显著。通过残差分析和有关的点图（如残差-预报值图，残差正态点图，偏回归点图等），未发现异常，模型被接受。显然在模型中，因素x_2没有出现，可能是试验次数太少的原因，或者试验者对x_2所取的水平不适当，导致这个变量在该试验区域内对收率的影响不明显。

为了寻找最佳的工艺条件，需要对（3.22）的右端的函数求极大和相应的极大值点，优化范围应为原试验范围：

$1.0 \leqslant x_1 \leqslant 3.4$，$0.5 \leqslant x_3 \leqslant 3.5$

由y与（x_1，x3）的三维图和等高值图可知，y的极大值在边界上。不难求得当$x_1=3.4$，$x_3=3.5$时，y=91.87%达到极大值。由于用均匀设计安排的7次试验中，并没有出现水平组合$x_1=3.4$，$x_3=3.5$，因此应做追加试验。最简单的办法就是取$x_1=3.4$，$x_3=3.5$，并取$x_2=19$（为其中间的水平），做几次试验，如果相应的收率与预报值91.87%相距不远，则表明，模型能较好地表达收率和原料配比及反应时间的关系。若追加试验的结果与91.87%与预报值相距很近，则模型比较符合实际情形。见表9-7。

来源	自由度	平方和	均方	F值	Prob>F
模型	3	0.40488	0.13496	595..722	0.0001
误差	3	0.00068	0.00023		
总变量	6	0.40556			
R2	0.9983				
C.V.	2.79813				
参数估计					
变量	自由度	估计	标准差	T检验值	Prob>｜F｜
INT	1	0.595071	0.00871685	68.267	0.0001
Z3	1	0.231759	0.00569920	40.665	0.0001
Z33	1	−0.054033	0.00670981	−8.053	0.0040
Z13	1	0.054669	0.01196354	4.570	0.0197

表9-7 化工试验的方差分析表（SAS输出）

注：$Z3=x_3-2$，$Z33=z_3*z_3$，$Z13=(x_1-2.2)(x_3-2)$

由于最佳水平组合是两个最高的水平，在追加试验时，似应扩大因素x_1和x_3的试验范围。如果试验经费允许，一个两因素（x_1和x_3）的试验是更佳的选择，例如，取水平：

x_1：3.0，3.4，3.8，4.2

x_3：3.0，3.5，4.0，4.5

用$U_4(4^2)$来安排这个试验。

通过上面化工均匀设计试验的介绍，可知用均匀设计安排试验的步骤如下：

◎选择因素、因素的变化范围和水平；

◎选择适合于所选因素和水平的均匀设计表，并按表的水平组合编制出均匀设计试验方案；

◎用随机化的方法决定试验的次序，并进行试验，记录响应值；

◎进行试验数据的统计建模和有关统计推断，各种统计点图（如残差点图、等高值图、正态点图、偏回归点图等）对数据的特性了解和建模的满意程度的判断十分有用；

◎用步骤4选中的模型求得因素的最佳水平组合和相应的响应预报值。如果因素的最佳水平组合不在试验方案中，适当地追加试验是必要的。对于有交互作用的因素，作它们之间的等值图在实际中是很受欢迎的。

9.3 均匀设计在因子试验中的应用

均匀设计不仅可用于等水平的试验，而且也可以用于混合水平的试验，本节将介绍混合水平的均匀设计，随后，讨论均匀设计是否需要重复试验。

9.3.1 混合水平的均匀设计

在前面我曾介绍了如何用正交表来安排混合水平的试验，那里介绍的两种方法完全适用于均匀设计。

1. 利用混合水平的均匀设计表

在方开泰（1994）书中给出一批以中心偏差为均匀性准则的混合水平的均匀设计表。以中心化偏差CD2的混合水平的均匀设计表尚待有人去开发。其实，当试验数n不太大时直接用优化方法去求混合水平的均匀设计表并不困难。

2. 拟水平法

该法在前面已详细介绍。例如，试验需要一个$U_{12}（6^2 \times 2）$的均匀设计表，而文献中找不到这样的表。由本书附录找到$U_{12}（12^3）$，将其前两列变为六水平，第三列变为二水平，所得之表列于表9-8。

NO	U_{12} (12^3)			U_{12} ($6^2 \times 2$)		
	1	2	3	1	2	3
1	1	6	4	1	3	1
2	2	10	8	1	5	2
3	3	2	11	2	1	2
4	4	8	1	2	4	1
5	5	4	7	3	2	2
6	6	12	10	3	6	2
7	7	3	2	4	2	1
8	8	9	6	4	5	1
9	9	7	12	5	4	2
10	10	1	5	5	1	1
11	11	11	3	6	6	1
12	12	5	9	6	3	2

表9–8 用拟水平法将U12（123）变为U12（62×2）

将U_{12}（12^3）变为U_{12}（$6^2 \times 2$）有三种可能，取决于用U_{12}（12^3）的哪一列变为二水平。当用第二列变为二水平时，均匀性最好，CD2=0.17738，当第一或第三列变为二水平时，CD_2=0.17903。

同样我们也可以由U_{12}（6^3）来构造U_{12}（$6^2 \times 2$）（表9–9），这时如将U_{12}（6^3）的第二列变成二水平，均匀性最好，CD_2=0.176696，该设计列在下表（表9–9）中。若对第1或第3列用拟水平，相应的混合水平表有CD2=0.177241，其均匀性不如用第2列作拟水平获得的表。比较上表与下表的两个U_{12}（$6^2 \times 2$），以后者的均匀性更好，故构造混合水平均匀设计表时，应取与要求的水平个数相近的表做拟水平，其效果会更好。

	$U_{12}(6^3)$			$U_{12}(6^2 \times 2)$		
NO	1	2	3	1	2	3
1	1	3	2	1	1	2
2	1	4	5	1	2	5
3	2	1	4	2	1	4
4	2	6	3	2	2	3
5	3	2	6	3	1	6
6	3	5	1	3	2	1
7	4	2	1	4	1	1
8	4	5	6	4	2	6
9	5	1	3	5	1	3
10	5	6	4	5	2	4
11	6	3	5	6	1	5
12	6	4	2	6	2	2

表9-9 用拟水平法将U12（63）变为U12（62×2）

9.3.2 重复试验

在均匀设计的文献中，对试验是否需要重复，讨论不多。有重复试验的优点是可以较好估计出随机误差的方差，通过某些拟合检验对建模提供信息。若用$U_n(q^s)$来安排试验，重复试验不必对所有组合都重复，而是只重复其中的一部分。这时通过试验的重复可以估计出纯随机误差，有利于进行模型拟合检验。这里需要讨论的是选择哪些水平组合作重复，哪些组合不作重复，这是一个尚未解决的问题。读者可参考马长兴、方开泰（1999）。

9.4 均匀设计在新产品开发中的应用

新产品开发的主要目的是设计出稳健的产品，使之在内外环境变化下仍然有稳定的性能。例如，汽车的零件能适应北方严寒、赤道炎热、海边潮湿、沙漠旱热的变化。质量工程中所谓的三次设计，即系统设计、参数设计和容差设计，是实现上述目的的手段，其中参数设计的目的是找参数水平的最佳组合，使产品有稳定的性能。参数设计和一般的因子设计最大的不同之处在于把误差因素引进了设计之中。所谓误差因素是指外干扰和内干扰，而这些干扰就是用来寻找最佳可控因素水平组合的桥梁。田品玄一（Taguchi，1986）建议用两个正交表来安排试验，可控因素被安排在内侧正交表上（称为内表），而误差因素被安排在外侧正交表上（称为外表），记外表和内表的两个正交表分别为$L_n(q^s)$，$L_m(p^s)$。为了对每一个可控因素的组合作出噪音影响分析，将内外表作直积，如表9-10所示，故要作N=nm次试验。

			NO		
	误差因素	1	2	…	m
	A'				
	B'		$L_m(p^s)$ 外表		
	C'				
	…				
NO	可控因素							

NO	可控因素							
	A	B	C	…	y_{i1}	y_{i2}	…	y_{im}
1					y_{11}	y_{12}	…	y_{1m}
2	$L_m(p^t)$ 外表				y_{21}	y_{22}	…	y_{2m}
…					…	…	…	…
n					y_{n1}	y_{n2}	…	y_{nm}

表9-10 内表和外表

总的来讲，可控因素分为三水平，然而更多水平效果也许会更好。根据正交表的设计，可控因素不同水平的组合会被适当安排。这步骤被称为内设计。

在一般情况下，误差因素的数目是较多的。因此只有较重要的误差因素才会被选择，而因素与因素之间的交互作用也不会被考虑。这些因素会被设定为低、中、高三个水平，每一个可控因素的不同水平组合会做m次实验，每一个水平组合的波动情况将被详细研究。为了达到这个目的，田口玄一引进了信噪比 η（Signal noise ratio）和灵敏度S（sensitivity），其定义如下：

$$\eta = 10\log \frac{\frac{1}{n}(S_m - V_e)}{V_e} , \quad S = 10\log\left[\frac{1}{n}(S_m - V_e)\right]$$

其中

$$S_m = \frac{1}{m}\left(\sum_{i=1}^{m} y_i\right)^2 , \quad V_e = \frac{1}{m-1}\sum_{i=1}^{m}(y_i - \overline{y})^2$$

$y_1, \cdots, y_m$ 为当前水平组合的试验结果。

随后是要利用回归分析去找出显著的因素，从而把可控因素分为调整因素、稳定因素和次要因素三类（参考下表9-11）。由该表可知在信噪比分析中显著的可控因素，被称为稳定因素；而信噪比分析中不显著，而在灵敏度分析中显著的可控因素，被称为调整因素；在信噪比和灵敏度都不显著的可控因素，被称为次要因素。我们通过一个夜视器的电路设计来介绍参数设计的步骤。该例来自卢贤巨、章渭基和韩茂祥（2000）。

类型	信噪比	灵敏度	因素名称	类型	信噪比	灵敏度	因素名称
1	显著	显著	稳定因素	3	不显著	显著	调整因素
2	显著	不显著	稳定因素	4	不显著	不显著	次要因素

表9-11 因素分类

例：夜视器在下图（图9-1）的"稳流器"中，我们期望输出电流y能够环绕目标值180mA。要达到这个目标，我们必须调整电路配件中的电阻R_1，R_2，R_3和R_4。这些可被调整的电阻被称为可控因素。各可控因素的水平调校后，我们便会着手去研究外在和内在噪音对这组合水平的输出电流y的波动的影响。

这里外在和内在的噪音有6个，它们是R_1'，R_2'，R_3'，R_4'，Vbe和Vcc。这些噪音是误差因素。在本例中，可控因素有4个，其水平分布由下表（表9-12）给出，根据正交表$L_9（3^4）$，我们得出9个不同的水平组合（参考表9-13），误差因素的水平由下表（表9-14）给出。

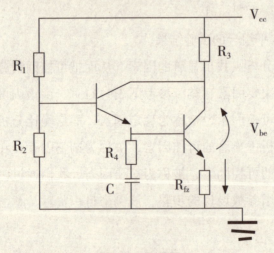

图9-1 夜视器

电阻	R₁	R₂	R₃	R₄
水平1	500Ω	2400Ω	22Ω	270Ω
水平2	1000Ω	3600Ω	28Ω	360Ω
水平3	1500Ω	4800Ω	34Ω	450Ω

表9-12 可控因素正交设计的水平

实验次序	R₁	R₂	R₃	R₄
1	500Ω(1)	2400Ω(1)	22Ω(1)	270Ω(1)
2	500Ω(1)	3600Ω(2)	28Ω(2)	360Ω(2)
3	500Ω(1)	4800Ω(3)	34Ω(3)	450Ω(3)
4	1000Ω(2)	2400Ω(1)	28Ω(2)	450Ω(3)
5	1000Ω(2)	3600Ω(2)	34Ω(3)	270Ω(1)
6	1000Ω(2)	4800Ω(3)	22Ω(1)	360Ω(2)
7	1500Ω(3)	2400Ω(1)	34Ω(3)	360Ω(2)
8	1500Ω(3)	3600Ω(2)	22Ω1)	450Ω(3)
9	1500Ω(3)	4800Ω(3)	28Ω(2)	270Ω(1)

表9-13 正交设计内表

因素	水平1	水平2	水平3	因素	水平1	水平2	水平3
R₁'	−10%	0%	10%	R₄'	−10%	0%	10%
R₂'	−10%	0%	10%	Vbe	0.6V	0.7V	0.8V
R₃'	−10%	0%	105	Vcc	17V	18V	19V

表9-14 误差因素的水平

根据电学原理，电流输出y为：

$$y = \frac{R_1}{(R_1+R_2)\,R_3}\,V_{cc} - \frac{R_3+2R_4}{2R_3R_4}\,V_{be}$$

对于实验1，即R_1=500Ω，R_2=2400Ω，R_3=22Ω和R_4=270Ω，我们通过正交表L27（313）把误差因素的水平组合安排在外表上，并给出不同组合的输出电流（参看表9-15）。

实验号码	R_1 (Ω)	R_2 (Ω)	R_3 (Ω)	R_4 (Ω)	V_{be} (V)	V_{cc} (V)	输出电流 y(mA)
1	450	2160	19.8	243	0.6	17	116.4944
2	450	2160	19.8	243	0.7	18	119.9459
3	450	2160	19.8	243	0.8	19	123.3974
4	450	2400	22.0	270	0.6	17	93.6257
5	450	2400	22.0	270	0.7	18	96.0720
6	450	2400	22.0	270	0.8	19	98.5185
7	450	2640	24.2	297	0.6	17	76.4993
8	450	2640	24.2	297	0.7	18	78.2166
9	450	2640	24.2	297	0.8	19	79.9228
10	500	2160	22.0	297	0.6	18	125.5107
11	500	2160	22.0	297	0.7	19	129.3410
12	500	2160	22.0	297	0.8	17	107.5390
13	500	2400	24.2	243	0.6	18	102.2137
14	500	2400	24.2	243	0.7	19	105.0003
15	500	2400	24.2	243	0.8	17	86.4132
16	500	2640	19.8	270	0.6	18	113.3456
17	500	2640	19.8	270	0.7	19	116.1521
18	500	2160	19.8	270	0.8	17	98.8320
19	550	2160	24.2	270	0.6	19	133.4380
20	550	2160	24.2	270	0.7	17	112.3477
21	550	2160	24.2	270	0.8	18	116.4167
22	550	2400	19.8	297	0.6	19	147.5946
23	550	2400	19.8	297	0.7	17	123.5433
24	550	2400	19.8	297	0.8	18	127.7407
25	550	2640	22.0	243	0.6	19	120.3599
26	550	2640	22.0	243	0.7	17	99.9703
27	550	2640	22.0	243	0.8	18	103.0561

表9-15 实验1的正交设计外表

　　根据上面公式，实验1 灵敏度和信噪比分别为40.7577和15.7489，而实验2至9的灵敏度和信噪比皆可同样获得（参考表9-16）。利用逐步回归法对灵敏度和信噪比进行分析，我们得到表9-17和表9-18的结果。

R$_1$	R$_2$	R$_3$	R$_4$	灵敏度(S)	信噪比(η)
500	2400	22	270	40.7577	15.7489
500	3600	28	360	34.4974	14.3283
500	4800	34	450	29.2414	12.7544
1000	2400	28	450	44.3335	17.3124
1000	3600	34	270	39.4736	16.4233
1000	4800	22	360	40.7836	15.7799
1500	2400	34	360	45.2688	17.9929
1500	3600	22	450	46.4370	17.3226
1500	4800	28	270	42.1414	16.7084

表9-16 正交设计的灵敏度和信噪比

来源	自由度	平方和	均方和	F比	P值
回归(R$_1$，R$_2$，R$_3$)	3	231.3808	77.1269	50.1269	0.0004
剩余	5	7.7073	1.5415		
总计	8	239.0881			

表9-17 正交设计的灵敏度分析

来源	自由度	平方和	均方和	F比	P值
回归(R$_1$，R$_2$)	2	6.7235	3.3617	41.9431	0.0003
剩余	6	0.4809	0.0802		
总计	8	7.2044			

表9-18 正交设计的信噪比分析

　　总结上面结果，我们找出可控因素的类型如下表（表9-19）所示，这里"*"代表显著，显著性水平为5%，而"×"则代表不显著。从以上的分析结果可知最佳的各可控因素水平组合为R$_1$=1500Ω，R$_2$=2400Ω，R$_3$=34Ω和R$_4$=360Ω。由于这组水平组合的输出电流很接近目标值180mA（182.06mA），故无需再做调整。

因数类型	η 分析	S分析	因素名称
1	*	*	稳定因素(R_1，R_2)
2	*	×	稳定因素（不存在）
3	×	*	调整因素(R_3)
4	×	×	调整因素(R_4)

表9-19 可控因素的类型分析

在上述的试验中，共需$9 \times 27=243$次试验。如果将内表和外表均换为试验次数小一些的均匀设计表，或许可以大大减少试验的次数。让我们来继续讨论夜视器的案例。

把上面的内表L_9（3^4）和外表L_{27}（3^{11}）用U_9（9^4）和U_{12}（12^6）分别代替。利用拟水平法将U_{12}（12^6）化为U_{12}（3^6），我们获得内表（表9-20）和实验1的外表（表9-21）。括弧中的数字为U_{12}（12^6）中的水平数。灵敏度和信噪比的方差分析列于下表三（表9-22）和表四（表9-23）。明显地，正交设计和均匀设计给我们极其相同的结果。表五（表9-24）给出这两个不同设计的比较。

实验次序	R_1	R_2	R_3	R_4
1	500Ω(1)	2400Ω(2)	28Ω(4)	450Ω(8)
2	500Ω(2)	3600Ω(4)	34Ω(8)	450Ω(7)
3	500Ω(3)	3600Ω(6)	22Ω(3)	360Ω(6)
4	1000Ω(4)	4800Ω(8)	34Ω(7)	360Ω(5)
5	1000Ω(5)	2400Ω(1)	22Ω(2)	360Ω(4)
6	1000Ω(6)	2400Ω(3)	28Ω(6)	270Ω(3)
7	1500Ω(7)	3600Ω(5)	22Ω(1)	270Ω(2)
8	1500Ω(8)	4800Ω(7)	28Ω(5)	270Ω(1)
9	1500Ω(9)	4800Ω(9)	34Ω(9)	450Ω(9)

表9-20 均匀设计内表

实验号码	R₁(Ω)	R₂(Ω)	R₃(Ω)	R₄(Ω)	V_be(V)	V_cc(V)
1	450(1)	2160(2)	28.0(6)	450(8)	0.8(9)	19(10)
2	450(2)	2160(4)	30.8(12)	405(3)	0.7(5)	18(7)
3	450(3)	2400(6)	28.0(5)	495(11)	0.6(1)	17(4)
4	450(4)	2400(8)	30.8(11)	450(6)	0.8(10)	17(1)
5	500(5)	2640(10)	25.2(4)	405(1)	0.7(6)	19(11)
6	500(6)	2640(12)	30.8(10)	495(9)	0.6(2)	18(8)
7	500(7)	2610(1)	25.2(3)	405(1)	0.8(11)	18(5)
8	500(8)	2160(3)	30.8(9)	495(12)	0.7(7)	17(2)
9	550(9)	2400(5)	25.2(2)	450(7)	0.6(3)	19(12)
10	550(10)	2400(7)	28.0(8)	405(2)	0.8(12)	19(9)
11	550(11)	2640(9)	25.2(1)	495(10)	0.7(8)	18(6)
12	550(12)	2640(11)	28.0(7)	450(5)	0.6(4)	17(3)

表9-21 均匀设计实验1的外表

来源	自由度	平方和	均方和	F比	P值
回归(R₁，R₂，R₃)	3	172.5498	57.5166	60.9078	0.0002
剩余	5	4.7216	0.9443		
总计	8	177.2714			

表9-22 均匀设计灵敏度的方差分析（均匀设计）

来源	自由度	平方和	均方和	F比	P值
回归(R₁，R₂)	2	4.7798	2.3899	44.0744	0.0003
剩余	6	0.3253	0.0542		
总计	8	5.1051			

表9-23 正交设计的信噪比分析

设计	正交设计	均匀设计（3水平）	均匀设计（9水平）
试验次数	$9 \times 27 = 343$	$9 \times 12 = 108$	$9 \times 12 = 108$
灵敏度			
回归方程	$S = 50.5 + 0.0098R_1 - 0.0025R_2 - 0.389R3$	$S = 48.35 + 0.0105R_1 - 0.0030R_2 - 0.237R3$	$S = 49.562 + 0.00945R_1 - 0.00240R_2 - 0.341R3$
R_2	0.9677	0.97339	0.98321
标准误差	1.2416	0.97176	0.56723
信噪比			
回归方程	$\eta = 15.88 + 0.00306R_1 - 0.00081R_2$	$\eta = 15.32 + 0.00204R_1 - 0.000534R_2$	$\eta = 15.4263 + 0.00174R_1 - 0.000451R_2$
R2	0.91475	0.93627	0.97714
标准误差	0.55333	023286	0.09202

表9-24 三种设计灵敏度和信噪比的方差分析比较

如果将可控因素安排为9个不等距的水平，其内表如下表（表9-25）所示，灵敏度和信噪比的方差分析结果放在上表的最后一列。由该表的三种设计比较可知，使用均匀设计比使用正交设计可获得更为可靠的回归方程，因为均匀设计给出更大的R2值和更小的标准误差，而且，均匀设计所用的实验次数（108次）比正交设计所用的少（243次），减少了56%。当可控因素的水平设定为9时，结果比三水平更佳，因为水平越多，实验点便分布得越均匀，从而达到更好的效果。

实验次序	R_1	R_2	R_3	R_4
1	$500\,\Omega\,(1)$	$2700\,\Omega\,(2)$	$26.5\,\Omega\,(4)$	$427.5\,\Omega\,(8)$
2	$625\,\Omega\,(2)$	$3300\,\Omega\,(4)$	$32.5\,\Omega\,(8)$	$405.0\,\Omega\,(7)$
3	$750\,\Omega\,(3)$	$3900\,\Omega\,(6)$	$25.0\,\Omega\,(3)$	$362.5\,\Omega\,(6)$
4	$875\,\Omega\,(4)$	$4500\,\Omega\,(8)$	$31.0\,\Omega\,(7)$	$360.0\,\Omega\,(5)$
5	$1000\,\Omega\,(5)$	$2400\,\Omega\,(1)$	$23.5\,\Omega\,(2)$	$337.5\,\Omega\,(4)$
6	$1125\,\Omega\,(6)$	$3000\,\Omega\,(3)$	$29.5\,\Omega\,(6)$	$315.0\,\Omega\,(3)$
7	$1250\,\Omega\,(7)$	$3600\,\Omega\,(5)$	$22.0\,\Omega\,(1)$	$292.5\,\Omega\,(2)$
8	$1375\,\Omega\,(8)$	$4200\,\Omega\,(7)$	$28.0\,\Omega\,(5)$	$270.0\,\Omega\,(1)$
9	$1500\,\Omega\,(9)$	$4800\,\Omega\,(9)$	$34.0\,\Omega\,(9)$	$450.0\,\Omega\,(9)$

表9-25 均匀设计内表（9水平）

夜视器的案例研究是由卢贤巨、章谓基和韩茂祥（1998）完成的，他们在文章中，还研究了另外两个案例，其中惠斯登电桥的研究非常精彩。文献中，内外表均采用L_{36}（$2^3 \times 3^{11}$），共做36^2=1296次试验，他们用U_{13}（13^5）和U_{12}（12^7）分别作内表和外表，共做13×12=156次试验，其试验结果与用1296次试验的结果相当。该案例研究表明，均匀设计在参数设计中潜力很大。

贝思德国际管理（BIM）咨询培训目录

编号	培训咨询项目	培训咨询
1	精益生产	入企业培训咨询
2	VSM实战	入企业培训咨询
3	品管方法与品管圈应用	入企业培训咨询
4	TPM实战	入企业培训咨询
5	精益六西格玛黑带绿带认证培训 精益六西格玛定义测量阶段工具 精益六西格玛分析阶段工具 精益六西格玛试验设计工具 精益六西格玛控制阶段工具	入企业培训咨询
6	Minitab统计解决方案	入企业培训咨询
7	新产品开发管理体系IPDFSS	入企业培训咨询
8	FMEA实战	入企业培训咨询
9	QFD实战	入企业培训咨询
10	服务业6 Sigma管理实战	入企业培训咨询
11	六西格玛设计实战	入企业培训咨询
12	Kaizen改善工具	入企业培训咨询
13	SPC实战	入企业培训咨询
14	DOE实战	入企业培训咨询

联系方式：中美六西格玛黑带大师学院

（http：//www.6sigmambb.com.cn）

TEL：0755-26482278/13510229888

E-mail：fhwen9888@163.com